L'EXPOSITION

ET

DU JURY.

PRIX : 1 FR. 50 C.

PARIS,

FERDINAND SARTORIUS, ÉDITEUR,
17, QUAI MALAQUAIS.

1848.

DE

L'EXPOSITION

ET

DU JURY.

La longueur de ce travail, les nombreuses recherches et surtout les discussions qu'il a dû occasionner, ont retardé sa publication jusqu'à ce jour. Nous devions constater ce fait pour que l'on ne pût pas nous accuser d'avoir saisi l'occasion de certains bruits qui ont couru dans la presse et dans le public relativement à la démission du jury de peinture, bruits auxquels notre idée était de beaucoup antérieure. Malgré ce retard, l'approche du Salon fera comprendre à tout le monde l'opportunité de notre travail.

L'EXPOSITION

ET

DU JURY.

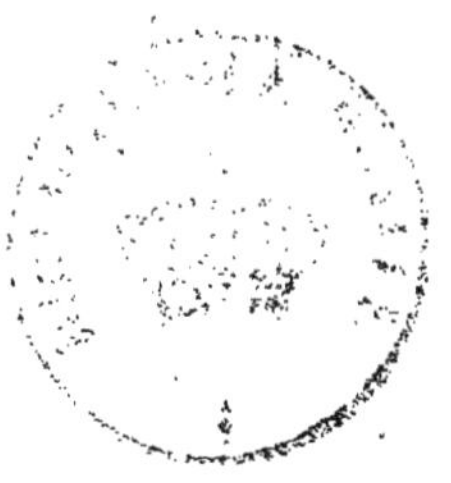

PARIS,

FERDINAND SARTORIUS, ÉDITEUR,

17, QUAI MALAQUAIS.

1848.

Imprimerie GERDÈS, rue Saint-Germain-des-Pres, 10.

Le sujet traité dans les pages suivantes, et que nous soumettons au jugement de tout lecteur impartial et attentif, a souvent exercé déjà des plumes habiles et bien intentionnées. Jusqu'ici cependant, malgré la gravité des choses, les réclamations n'avaient été qu'individuelles. A chaque Salon, il est vrai, les artistes blessés dans leur juste amour-propre, attaqués dans leur fortune, avaient poussé des cris d'indignation et de douleur, et formé des projets de réforme; mais bientôt, soit par suite de cette insouciance des intérêts positifs si naturelle à leur caractère, soit à cause de la difficulté même de l'entreprise et de la perte du temps précieux qu'elle enlevait à leurs travaux, leurs clameurs s'évanouissaient promptement dans les airs, et la fin de chaque exposition voyait la fin de leurs tentatives de révolte. Rentrés dans le silence de l'atelier, ceux dont un pouvoir brutal n'avait pas altéré la foi ou détruit les moyens d'existence se résignaient à l'esclavage et se préparaient par des œuvres nouvelles à affronter de nouveaux périls.

C'est alors que triomphaient les partisans du régime actuel, qui, tout en avouant hypocritement qu'il y a bien *quelque chose à faire,* étaient trop intéressés au maintien du *statu quo* pour ne pas empêcher, par la force et par la ruse, qu'on ne portât une main audacieuse sur la charte de leurs priviléges. Les artistes se sont toujours plaints, disaient-ils; ils ne s'entendent pas entre eux, et, malgré tous leurs efforts, ils n'ont pu formuler jusqu'à présent un programme complet de réorganisation. Maintenons donc ce qui est, faute de mieux; car le vieil édifice une fois démoli, que reconstruira-t-on à sa place? Et le public d'approuver d'aussi forts arguments, et le pouvoir de persévérer dans sa coupable indifférence pour les destinées d'une classe entière de la société, privée de tous moyens de défense.

Émus par tant de misères, indignés par tant de dédains, nous avons cru qu'il importait à l'honneur et à l'intérêt général des artistes de répondre une fois pour toutes à ceux qui nous accusent de ne pas savoir ce que nous voulons, de ne pas pouvoir coordonner un plan d'amélioration.

Nous nous sommes donc réunis; nous avons mis en commun nos longues souffrances, les lumières et l'expérience qu'elles nous ont si péniblement acquises. Pendant près d'une année, nous nous sommes livrés à des investigations difficiles, à des discussions consciencieuses, où toutes les opinions les plus opposées ont trouvé des représentants, où toutes les objections sérieuses ont été examinées à fond. Enfin, après avoir recherché avec empressement tous les moyens de nous éclairer, nous sommes parvenus à tracer une histoire (aussi abrégée que possible) de l'oppression qui pèse depuis tant de siècles sur les artistes; à présenter un plan d'organisation d'exposition et de réforme du jury, qui, s'il n'est pas aussi parfait que nous l'eussions désiré, et ne réunit pas l'adhésion de tous nos confrères, a du moins le mérite d'être équitable, libéral, et d'avoir obtenu déjà la sanction de suffrages nombreux et honorables.

Ce travail sera suivi de mémoires sur *la situation et la direction des musées royaux*, sur l'état actuel de *l'école des Beaux-Arts et les doctrines qui y sont enseignées*, sur *la distribution des travaux publics*, sur *l'inconvénient de la multiplicité des pouvoirs dans l'administration des Beaux-Arts*, etc., etc.

CHAPITRE PREMIER.

HISTOIRE DE L'OPPRESSION DANS LES ARTS.

La position des artistes peintres, sculpteurs, graveurs, etc., est-elle ce qu'elle peut et doit être dans l'état actuel de la société?

Non évidemment, car l'immense majorité se plaint, souffre, est entravée dans l'exercice de sa profession, et réclame avec instance, depuis un grand nombre d'années, la réforme d'abus qui deviennent de plus en plus insupportables.

En effet, un pouvoir tyrannique impose sans appel des lois émanées de son bon plaisir à une corporation tout entière; il attaque sans pudeur les réputations les plus brillantes et les plus justement acquises; ignorant ou aveugle, il étouffe dès leurs débuts dans la carrière, et ceux qui marchent d'un pas timide encore dans les routes ouvertes par leurs prédécesseurs, et ceux qui, plus audacieux, veulent tenter des voies nouvelles. Enfin, indifférents aux intérêts de tous, parce que leur position est irrévocablement fixée, des juges cruels, déguisant leur suprême égoïsme sous des faux-semblants d'une suprême équité, rendent dédaigneusement des arrêts qui révoltent à la fois le bon sens et l'humanité.

La question de publicité est pour les artistes une question de vie ou de mort. On ne consacre pas son existence à de longues méditations qui embrassent l'étude de la nature entière, à une pratique si difficile, que tous les maîtres sont morts en témoignant le regret de n'avoir jamais pu, qu'imparfaitement, exprimer l'idée la plus nettement conçue; on ne se dévoue pas, en un mot, à des travaux si rudes sans l'espoir d'une récompense flatteuse pour l'amour-propre, nécessaire au bien-être, indispensable souvent pour l'exécution de nouvelles œuvres.

Dans quelque position de fortune ou dans quelque rang de la société qu'on veuille le choisir, il n'existe certainement pas un seul artiste qui, satisfait par la simple réalisation de son idée, se condamnât lui-même à enterrer éternellement son ouvrage dans les ténèbres de l'atelier. Tous, en sachant fort bien que les noms les plus glorieux maintenant n'ont pas été toujours les plus honorés autrefois, que les talents les plus vrais n'ont été souvent que tardivement compris; tous, en redoutant, en dédaignant même, aux jours trop fréquents de cruelles déceptions, le jugement du public, tous veulent comparaître à la barre de ce tribunal terrible et plaider leur propre cause. C'est qu'ils ont tous la conviction profonde que la vie d'un artiste est un combat; qu'il y a lâcheté à ne pas descendre dans l'arène et à ne pas se mesurer avec les autres, ne fût-ce que pour connaître ses forces; et qu'enfin, si l'artiste n'a pas gagné sa cause devant la multitude dont il n'aura point assez flatté les goûts ou dont il aura choqué les habitudes routinières, il se trouve toujours dans cette multitude une église invisible d'élus qui tôt ou tard entraîne les suffrages et lui assigne son véritable rang. Un fait constant viendra confirmer la vérité de ce besoin de publicité. Jamais on n'a fait en vain un appel aux artistes. Chaque fois qu'une salle leur a été ouverte, soit à Paris, soit en province, soit dans le but d'une spéculation, soit pour un motif de bienfaisance, ils se sont empressés d'accourir. Si des projets d'expositions particulières n'ont pu se soutenir longtemps, après avoir donné les plus belles espérances, si l'on a vu se fermer successivement, après des débuts brillants, les expositions de Gaugain, du boulevard Bonne-Nouvelle, etc., cela tient à la base vicieuse sur laquelle on avait voulu les établir et à des considérations particulières que nous aurons à développer plus tard.

Ce besoin de publicité étant un fait acquis comme condition indispensable de l'existence des artistes, quel est donc l'obstacle à son extension légitime réclamée à grands cris chaque année, et chaque année outrageusement restreinte ou blessée? Ici point de dissidence d'opinion : tous, d'une voix unanime, désignent à la vindicte publique le jury actuel, dont l'impuissance privilégiée n'a donné signe de vie pendant dix-sept années que par des actes honteux, ridicules, auxquels les membres les plus distingués de ces cours prévôtales refusent depuis longtemps de prendre part. Mais, parce que ce jury s'est rendu odieux et méprisable par la légèreté et l'iniquité de ses arrêts, s'ensuit-il que les exposants ne doivent être soumis à aucun examen? ou, si un jury est un mal nécessaire, est-il absolument impossible d'en constituer un, sinon parfait, du moins qui offre des garanties suffisantes contre le mauvais vouloir et l'arbitraire? Avant d'examiner à fond ces questions importantes, jetons un coup d'œil sur le passé, et traçons le plus rapidement possible l'historique des différents pouvoirs sous lesquels les artistes ont dû courber la tête. Les faits aideront singulièrement à la solution du problème qui nous occupe.

Le 12 août 1391, fut définitivement constituée la communauté ou maîtrise des peintres dans Paris, avec privilége d'empêcher de travailler ou d'avoir *apprentif* quiconque n'aurait pas été reçu maître. Quatre prud'hommes, élus chaque année par la plus grande et plus saine partie du métier, sont chargés de veiller à l'exécution des statuts, ont le droit d'aller par toute la ville et banlieue de Paris visiter les ouvrages, aussi bien la nuit comme le jour; de dénoncer les délinquants au Châtelet, afin de se voir condamnés, pour la première fois, à 20 sols tournois d'amende, dont moitié revient au roi, et moitié aux gardes jurés pour leur peine et les aider à chanter des messes en l'honneur de leur confrère M. saint Luc, évangéliste. On voit que de tous temps les privilégiés n'aimaient par les demi-mesures, et que de tous les préceptes de l'Évangile le *compelle intrare* est celui qu'ils ont pratiqué avec le plus de ferveur.

Les prud'hommes usèrent largement de leurs pouvoirs, et lorsqu'ils remarquaient des tendances trop manifestes à s'en affranchir, ils ne manquaient pas de présenter au roi de nouvelles requêtes pour demander la confirmation de leurs priviléges avec addition de quelques autres libertés et franchises, comme ils les appelaient. Les moyens qu'ils employaient pour arriver à un but aussi louable étaient souvent ingénieux. Ainsi nous voyons, le 22 novembre 1582, les maîtres peintres et tailleurs d'images représenter au roi « que, malgré tous leurs efforts à garder l'honneur « de l'art, une jeunesse ayant appris plutôt à brouiller tout qu'à « peindre, à grimacer qu'à sculpter de belles figures, tente de « corrompre, par moyens illicites, les gardes jurés, vu l'incapa- « cité où plusieurs sont de se faire recevoir maîtres; que cette « jeunesse, se renfermant en toute liberté dans sa chambre d'où « eux, maîtres, ne peuvent la tirer pour leur rendre le service « qu'elle leur doit, sinon à des gages et salaires excessifs, au « grand détriment du service de Sa Majesté, il importe de ré- « former promptement de tels abus et de raffermir l'autorité « chancelante de la maîtrise. »

De semblables réclamations étaient trop justes pour n'être pas prises en considération; aussi la compagnie obtint-elle immédia- tement une ordonnance royale qui défend d'entreprendre, vendre en quelque façon et manière que ce soit, aucune peinture, aucune sculpture, à moins d'être reçu maître; et nul ne peut le devenir désormais à moins d'avoir été apprenti d'un maître pendant cinq ans entiers et d'avoir servi comme compagnon de maître pendant quatre autres années. Le tout signé par le roi Henry IIIe en son Conseil, et embelli du scel de la Prévôté de Paris. L'enregistre- ment de cette ordonnance coûta un écu sol pour les *espices*, et certainement ce n'était pas trop payer un tel acte.

On devine facilement les conséquences d'un pareil arrêt. Les persécutions, les jugements, les condamnations recommencèrent de plus belle; mais, comme il est dans la nature des choses qu'une tyrannie excessive finit toujours par engendrer une opposition vigoureuse, les dernières lois devinrent bientôt insuffisantes, et la maîtrise obtint, le 1er février 1639, d'ajouter à ses statuts de nouveaux articles, c'est-à-dire de nouveaux priviléges. Nous nous bornerons aux citations suivantes : — Défense, sous peine de

— 5 —

confiscation et d'amende de 600 livres, à toute personne de quelque métier et condition qu'elle soit, *réservé* les maîtres peintres et sculpteurs, de faire venir des tableaux de Flandre et autres pays, de les vendre hors le temps de la foire de Saint-Germain et autres qui se tiennent en la ville et banlieue. Dès le lendemain de la fermeture de ces foires, les ouvrages seront emballés incontinent, scellés par les gardes jurés pour être conservés en cet état jusqu'aux foires de l'année suivante, à moins que les marchands ne préfèrent les emporter hors la ville et banlieue. — Défense à tous parfumeurs, merciers, lingiers, plombiers, tabletiers, miroitiers, de faire ou entreprendre tableaux ou sculptures dans leur maison ou en ville. — Défense à tous crieurs de corps et de vin d'entreprendre ou faire faire banderoles pour les funérailles, sous peine de 50 livres d'amende. — Défense à tous merciers, porte-balles, ramoneurs de cheminée, de vendre aucun tableau, peinture, image, à peine d'amende arbitraire — Défense aux marchands grossiers de vendre peintures ou sculptures à la pièce et en détail, à peine de 100 livres d'amende. — Défense à toutes personnes que ce soit de mouler en plâtre ou en cire de quelque couleur que ce puisse être. — Défense à tous fondeurs d'entreprendre aucune sculpture ni ornements, fontes de figures en cire perdue, s'ils ne s'associent avec les maîtres de l'art de la sculpture. — Affranchissement d'apprentissage d'un compagnon épousant une fille de maître. — Affranchissement des enfants de maître, si la réception de leur père à la maîtrise a eu lieu avant leur naissance.

Malgré ce luxe de défenses et de précautions contre ceux qui cherchaient à se soustraire à ses lois, la maîtrise devait bientôt recevoir un coup funeste dont elle ne pouvait se relever. En effet, jusqu'au milieu du xviiᵉ siècle, les arts libéraux étaient confondus avec l'industrie et les métiers. Les vrais artistes avaient bien formé entre eux une espèce d'académie; mais comme dans le fait ils s'étaient associés aux manœuvres, et que l'entretien de l'école dirigée par eux était pris sur la masse de la communauté, les ouvriers se croyaient leurs égaux parce qu'ils maniaient les mêmes instruments, et ne cessaient de les inquiéter par leurs prétentions au professorat. Tel était l'état de l'école où siégeaient les plus grands artistes du siècle de Louis XIV.

Cependant des réformes trop importantes s'étaient introduites dans l'ordre social pour qu'une organisation aussi monstrueuse résistât plus longtemps au progrès des lumières. A force de sollicitations, de requêtes et de protections, une société de peintres et de sculpteurs, composée de Lebrun, Eust. Lesueur, Séb. Bourdon, Ch. Errard, Fr. Perrier, M. Corneille, J. Sarazin, G. Van-Obstal, etc., obtint, en 1648, d'établir une école ou académie royale, dans le but de relever le plus beau des arts, mais sous la condition expresse de ne préjudicier nullement au corps de la maîtrise en faisant des peintures sujettes au toisé, ainsi qu'on peut le voir par les statuts de la jonction des maîtres et des académistes. Une pareille jonction était trop antipathique aux deux partis qu'elle devait concilier pour que l'un ne cherchât pas à devenir tout-puissant au détriment de l'autre. Le combat ne fut pas de longue durée. En 1654, le roi ordonne que vingt-et-un nouveaux articles soient ajoutés aux anciens règlements; fixe à trente le nombre des académiciens dignitaires assimilés, pour les priviléges, aux quarante de l'Académie française; arrête l'ordre des assemblées, le mode des élections et la forme des délibérations. Le cardinal Mazarin prend le titre de protecteur de la naissante académie; le chancelier Séguier, celui de vice-protecteur. Les lettres patentes du roi sont enregistrées au parlement en 1655, malgré les efforts désespérés des maîtres pour parer un coup aussi fatal; et bientôt la faveur royale dote la compagnie d'une rente de 2,000 livres, portées presque aussitôt à 4,000 sur la demande de Colbert.

C'est en vain que la maîtrise veut instituer, de son côté, une académie de Saint-Luc, dont Mignard, jaloux de Lebrun, qu'il devait remplacer plus tard, s'était fait déclarer Prince. Elle eut beau calquer en quelque sorte les institutions de sa rivale, rechercher des protecteurs puissants, exposer ses œuvres quand elle obtenait un local, la lutte devenait chaque jour plus impossible, et Pierre, premier peintre du roi, profitant de l'exécution des plans de réforme de Turgot, lui porta le coup de grâce en 1776, en obtenant un arrêt qui cassait ses statuts. Sa fin fut celle de toutes les tyrannies ; elle mourut persécutée à son tour, et l'exemple de sa destinée ne fut point un enseignement salutaire pour la faction victorieuse que de pareilles erreurs devaient également entraîner à sa ruine.

Examinons maintenant l'étendue des pouvoirs de l'ancienne Académie royale, la manière dont elle en a usé, et nous verrons que la plupart des abus qui ont amené sa destruction ont été remis en vigueur de nos jours, malgré tant de révolutions faites en faveur de la liberté.

Le premier peintre du roi ne pouvait être choisi que parmi les académiciens. Ce titre de premier peintre n'était pas une vaine faveur, car, outre les beaux appointements fixes, d'immenses travaux largement rétribués, celui qui en était revêtu exerçait une suprématie dont les autres peintres eurent trop souvent à souffrir, et qui ne tourna pas toujours au profit de l'art. On sait comment Vouet arracha de vive force à Ph. de Champagne la galerie des hommes illustres qu'il avait déjà commencé à peindre au Palais-Cardinal par ordre de Richelieu. On sait comment le Poussin, appelé d'Italie par Louis XIII pour décorer la galerie du Louvre, ne put résister aux tracasseries du premier peintre et fut forcé de retourner à Rome laissant les travaux inachevés et dans le plus grand désordre. On se rappelle comment Lebrun, aveuglé par un amour-propre effréné ou par la jalousie, s'était arrogé le monopole des idées et de l'invention, au point d'exiger qu'aucun artiste, peintre, sculpteur, architecte, dessinateur de jardin, ne pût rien exécuter que d'après ses dessins, prétention inouïe dont Puget, trop fier pour accepter un pareil joug, fut la plus illustre et la plus regrettable victime. Faut-il citer enfin la folie de Lemoine qui, ne se croyant jamais récompensé suivant son mérite, se perça de neuf coups d'épée? et, sautant à pieds joints par-dessus MM. Coypel, Boucher, Pierre, parlerons-nous de l'immense et fatale influence du règne de David, où Gros fut un grand homme malgré lui, malgré son maître qu'il adorait, lutte funeste entre l'audace du génie et la soumission de l'élève, qui devait finir par un suicide? Mais laissons les premiers peintres; notre but n'est pas d'écrire leur biographie, et s'ils trouvent place ici, c'est parce que, en esquissant l'histoire de l'oppression qui a toujours pesé sur les beaux-arts, il était absolument impossible de les oublier.

A l'Académie seule était restreint le droit de l'enseignement des beaux-arts. Armée d'un arrêt rendu en sa faveur qui défendait d'ouvrir aucune école particulière, elle ne manqua jamais d'user de son privilége et de faire fermer celles qui tentèrent de s'établir.

Dans l'origine, aucune clause expresse ne spécifiait que les travaux publics seraient confiés exclusivement aux académiciens. C'était cependant un usage si bien consacré, qu'il avait véritablement force de loi. Mais la peur d'exceptions possibles tourmentait trop la noble compagnie pour qu'elle ne cherchât pas à réparer promptement un oubli aussi grave. Elle s'y prit avec tant d'adresse, que bientôt parut un bon édit royal décidant qu'aucun artiste, en dehors de l'Académie, ne serait admis à travailler pour le gouvernement avant d'avoir obtenu d'elle un brevet de capacité. On se doute bien, le cas échéant, qu'elle ne prodigua pas ses diplômes, et que ceux qui eurent l'audace de se présenter à l'examen trouvèrent des juges peu indulgents.

Une concession royale non moins importante que toutes celles que nous venons de citer, et dont les effets se font encore sentir maintenant, mit le comble à tant de faveurs accumulées sur un seul corps : nous voulons parler de l'autorisation donnée aux seuls membres de l'Académie d'exposer leurs œuvres dans un local fourni par le gouvernement. La première exposition se fit dans la cour du Palais-Royal en 1673; la deuxième et la première au Louvre, dont le grand salon devint dès lors le sanctuaire des beaux-arts, eut lieu en 1699 sous les auspices de Mansart. Les expositions se succédèrent ensuite irrégulièrement jusqu'en 1737, époque où le ministre Orry décréta qu'elles commenceraient chaque année le 25 août et dureraient un mois. Mais, la veine académique n'étant pas assez féconde pour produire si rapidement des ouvrages nouveaux, depuis 1753 jusqu'à 1791 les salons furent seulement bisannuels.

Quoique blessée à mort, la maîtrise cependant ne s'avoua pas vaincue et combattit courageusement jusqu'à la fin. Tant qu'elle ne fut pas légalement abolie, malgré toutes les persécutions qu'elle eut à subir de sa jeune ennemie, et les difficultés sans cesse renaissantes lorsqu'il s'agissait d'obtenir un emplacement, l'académie de Saint-Luc voulut avoir aussi ses expositions. Efforts inutiles ! son heure était venue, et, après une longue agonie, elle allait expirer en 1773 à l'hôtel Jabac, rue Saint-Méry.

D'autres sociétés d'artistes, ne faisant point partie du corps privilégié, avaient bien essayé d'exposer publiquement leurs œuvres ; mais, dans cette occasion, comme dans celle des écoles, l'Académie, forte de l'ordonnance royale, s'était hâtée de mettre bon ordre à une prétention aussi exorbitante. A sa requête, les portes de ces expositions particulières furent fermées immédiatement : elle ne montra quelque indulgence que pour la compagnie de la *Jeunesse* à qui elle permit, le jour de la petite Fête-Dieu, depuis six heures du matin jusqu'à midi, d'accrocher ses tableaux et ses dessins dans l'angle nord de la place Dauphine, aux tentures des tapisseries exigées par la police sur le passage des processions du saint sacrement ; insigne faveur dont on profitait avec d'autant plus d'empressement qu'elle n'était pas de longue durée, et qu'il n'y avait pour la *jeunesse* que cette seule manière de se faire connaître. Beaucoup d'artistes célèbres ont débuté ainsi et ont dû, arrivés à un âge plus voisin de la vieillesse que de l'adolescence, se contenter d'une place si gracieusement concédée par leurs généreux confrères.

Avant de parler de la fin de l'Académie, du régime qu'on lui a substitué et sous lequel nous avons le bonheur de vivre, nous croyons important de bien faire connaître sa constitution et de donner quelques détails sur sa police intérieure.

Le surintendant des bâtiments royaux, véritable ministre des beaux-arts, était le seul intermédiaire entre le roi et l'Académie.

Les membres de l'Académie étaient répartis en quatre classes : les officiers ou gradés; les simples académiciens et académiciennes; les agrégés; enfin les académiciens amateurs et libres, pris parmi les grands seigneurs et les protecteurs des beaux-arts.

Le corps administratif, jouissant de grandes prérogatives, était constamment composé : d'un directeur changé tous les trois ans, à moins qu'il ne fût premier peintre du roi; d'un chancelier à vie ayant la garde des sceaux; de quatre recteurs perpétuels choisis parmi les professeurs et présidant en l'absence du recteur; de deux adjoints à recteurs ; de douze professeurs de peinture et de sculpture ; de six adjoints à professeurs ; de huit conseillers ; d'un professeur de géométrie, perspective, architecture; d'un professeur d'anatomie, et d'un secrétaire historiographe exerçant les arts.

Le nombre des simples académiciens et des agréés était illimité, et il en devrait être ainsi dans toute société où le talent est une condition d'admission; car à quel chiffre s'arrêter raisonnablement? Pourquoi plutôt trente membres que quarante, que dix? En fixant un nombre quelconque, il est impossible de ne pas tomber dans un des deux inconvénients, également odieux ou ridicules, de nommer aux places vacantes des nullités absolues afin de maintenir le cadre au complet, ou bien de laisser à la porte, faute de place, des hommes de génie qui ont le temps de produire des chefs-d'œuvre et de mourir avant que d'honnêtes médiocrités se décident enfin à abandonner un fauteuil dû à l'intrigue, et à aller continuer dans l'autre monde le sommeil léthargique où ils étaient restés plongés toute leur vie.

Pour obtenir le titre d'agréé, premier grade académique, il fallait soumettre au jugement du corps administratif (les simples académiciens n'avaient pas voix délibérative) un tableau dont le sujet était laissé au choix du récipiendaire. L'œuvre était exposée dans une salle isolée, car on ne jugeait que très-rarement deux artistes dans une même séance. Chaque officier examinait le tableau en silence, et se rendait ensuite dans la salle d'assemblée, où il déposait son vote, qui restait secret. Généralement le nombre des votants était de trente à trente-six, et le candidat devait réunir les deux tiers des voix plus une pour être reçu. Une fois admis, l'agréé avait droit toute sa vie à l'exposition publique sans passer par un autre examen; seulement, dans les trois années suivant son admission, il était tenu de présenter un nouvel ouvrage pour se faire recevoir académicien. Son morceau de réception appartenait à la compagnie, et allait enrichir les archives des beaux-arts, qui devenaient ainsi un véritable musée national. L'académicien, excepté la prérogative de pouvoir être porté par élection aux dignités administratives, n'avait d'autre distinction sur l'agréé que l'admission aux assemblées et quelques avantages intérieurs. L'un et l'autre avaient bien voix délibérative dans le jugement des concours et des prix, mais l'agréé était exclu lorsqu'il s'agissait d'un aspirant à l'Académie.

Cette inégale répartition des droits qui attribuait un pouvoir illimité à la seule portion invariable de l'Académie, à celle par conséquent qui pouvait se livrer impunément à tous ses préjugés, à ses haines ou à ses affections, viciait essentiellement dans leurs principes ce que ces dispositions réglementaires avaient de bon et de libéral au premier coup d'œil. Si l'on voulait à toute force introduire des distinctions parmi les académiciens, il fallait qu'elles fussent purement honorifiques; car, dans l'examen des candidats, il était souverainement injuste de dépouiller du droit de vote la majorité, c'est-à-dire les simples académiciens, talents variés, dans la vigueur de l'âge, et que l'égoïsme d'école n'avait pas encore glacés. Ainsi donc les académiciens non gradés ne jouissaient réellement que du privilége d'exposer leurs œuvres, privilége fort important sans doute, mais aussi fort incomplet, puisqu'il est évident, en bonne justice, que la personne reçue après examen dans une compagnie est jugée implicitement capable, par le seul fait de son admission, de désigner à son tour ceux qui sont dignes d'y entrer.

Les prérogatives du corps administratif, qui laissaient à l'arbitraire et à l'esprit de parti un champ entièrement libre, donnèrent lieu aux plus criantes injustices et aux décisions les plus absurdes. Il suffira de rapporter ici comme exemple l'arrêt inique dont Greuze fut victime, et qui, du reste, précéda de peu la chute de l'aréopage qui s'en était rendu coupable. Greuze aspirait aux grades de l'Académie, mais il ne pouvait y parvenir, d'après les statuts, qu'en qualité de peintre d'histoire; cependant, comme ces règlements avaient été plusieurs fois violés en faveur de peintres de portraits nommés professeurs, les succès brillants qu'il avait remportés à chaque Salon pouvaient lui faire croire que ses prétentions n'avaient rien d'exagéré. Pour se conformer aux usages et ôter tout prétexte au mauvais vouloir dont il savait ses confrères animés, il envoya comme morceau de réception un tableau historique représentant l'empereur Sévère reprochant à son fils Caracalla d'avoir voulu l'assassiner. Les juges ne trouvèrent pas ce sujet convenablement traité. L'admission de Greuze souffrit des difficultés, et, pour se venger sans doute d'un seul coup de tant de triomphes, on lui annonça qu'il était reçu, mais seulement comme *peintre de genre*, titre qui l'empêchait de prétendre au professorat. Une pareille admission était à la fois une injure et une injustice, car Greuze avait soumis à l'examen de ses juges un tableau d'histoire. Si le tableau était mauvais, il fallait le refuser purement et simplement, et rien ne pouvait motiver sa réception sous le titre de peintre de genre. Greuze, justement blessé, réclama; toute satisfaction lui ayant été refusée, il se sépara de l'Académie, et, au lieu d'envoyer ses tableaux au Salon, il les exposait chez lui.

L'histoire de Greuze a été, et sera de tout temps, celle du génie obligé de subir les arrêts de la médiocrité patentée sous tous les régimes, pour humilier et condamner quiconque tentera de sortir du chemin battu.

Cependant l'Académie commençait à donner des signes non équivoques de caducité. En vain Louis XVI, pour galvaniser une vieille institution prête à expirer, avait obtenu du trésor public une somme destinée à payer, tous les deux ans, dix grands tableaux d'histoire et quatre statues en marbre des hommes illustres qui ont honoré la France. Le résultat d'une pareille munificence fut onze tableaux de l'histoire de saint Louis, destinés à décorer la chapelle de l'École militaire. L'extrême faiblesse de ces productions mit à nu toute la décrépitude des systèmes académiques, et le prestige des grandes réputations tomba tout à coup devant une jeunesse ardente, studieuse, qui, puisant des inspirations aux sources pures de l'antiquité, opposait aux compositions insignifiantes, à l'exécution flasque de leurs maîtres, des pensées énergiques, un style serré et d'une grandeur inusitée jusqu'alors. De pareilles tendances conduisaient inévitablement les deux partis à une bataille décisive, et les principes de liberté qui fermentaient dans toutes les classes de la société augmentaient encore l'ardeur d'artistes impatients de secouer un joug détesté. Ainsi que la maîtrise, l'Académie devait succomber à son tour. Vers la fin de 1789, plusieurs membres accusèrent en pleine séance leurs confrères de tyrannie et d'accaparer toutes les faveurs et les places lucratives. Peu de temps après, ils publièrent un mémoire par lequel ils demandaient la révision des statuts, et surtout que les agréés qui, d'après les règlements, n'étaient point admis aux assemblées, pussent y siéger et donner leur avis.

La proposition mise aux voix fut rejetée. Alors éclata une guerre ouverte, implacable. Les agréés rejetés de l'assemblée générale se réunirent aux académiciens libéraux, et lancèrent une brochure où ils prenaient le titre d'*Académie centrale de pein-*

ture, sculpture, gravure et architecture. Outre l'égalité des droits, ils demandaient que les peintres fussent jugés par les peintres, les sculpteurs par les sculpteurs, les architectes par les architectes, demande renouvelée sans cesse sous tous les régimes et sans cesse refusée, parce qu'elle est la seule juste et dictée par le bon sens. L'Académie riposta par un mémoire justificatif, intitulé : *Esprit des statuts et règlements de l'Académie royale de peinture*. Le combat devint plus acharné ; cependant, au mois de novembre 1792, l'Académie existait encore, puisque Roland, ministre de l'intérieur, lui écrivit de se rassembler extraordinairement pour nommer un directeur de l'école de Rome. Enfin le vieil édifice croula en février 1793, après cent quarante-quatre ans d'existence, et les académiciens libéraux, ayant fraternisé avec les artistes qui n'étaient pas de l'Académie, s'emparèrent du local des séances, ouvrirent de vive force les portes des *bastilles académiques* et se constituèrent sans désemparer en société révolutionnaire des arts.

L'Assemblée nationale, considérant que : *pour que les seules et véritables distinctions naissent des vertus et des talents, il ne faut que les montrer à ses concitoyens* (préambule du livret de 1791), avait rendu, le 21 août 1791, un décret par lequel tous les artistes français ou étrangers, membres ou non de l'Académie de peinture et de sculpture, étaient également admis à exposer leurs ouvrages au Louvre. Cette mesure avait été provoquée par les pétitions des académiciens dissidents, des artistes libres, et surtout de David qui, bien que membre de l'ancienne Académie, réclama chaleureusement pour les beaux-arts l'application des principes d'égalité qui régissaient alors la politique. Barrère, rapporteur de ces pétitions, leur fut favorable, et, assimilant les jugements des officiers académiques à ceux des censeurs pour les gens de lettres, conclut à une exposition libre, pourvu qu'on respectât les mœurs et les lois. Ces conclusions furent sanctionnées par un décret de l'Assemblée, qui vota en outre une somme de 70,000 livres pour encouragements accordés aux artistes qui, d'après le jugement de leurs *pairs*, c'est-à-dire d'un jury de quarante membres pris parmi les *exposants*, se seraient particulièrement distingués par des œuvres remarquables.

Les Salons de 1791, 93, 95, 96 furent libres; mais le jury re parut tout à coup en 1798. Ce retour à d'anciens errements excita les plus vives réclamations, et la franchise dont on jouissait depuis plusieurs années fut réclamée par de nombreuses pétitions. Tout sentiment d'équité n'était pas encore éteint dans le cœur des hommes du pouvoir. Le Salon suivant, de 1799, fut libre; mais ce fut le dernier : la liberté expira avec le directoire et le consulat rétablit le jury.

Jamais gouvernement ne témoigna pour les arts une sollicitude égale à celle de la République, et, de toutes les assemblées législatives, la Convention est la seule où l'on vit discuter à la tribune des programmes de fêtes publiques, des projets de monuments, d'embellissements, de réorganisation de musée, d'encouragements donnés aux artistes, soit par des commandes de tableaux et gravures même, soit par des pensions.

Un intérêt si vif au moment d'une crise effroyable qui bouleversait la société de fond en comble; lorsque la France, sans argent, sans alliés et sans autres ressources que sa valeur, luttait seule contre les formidables armées des autres nations liguées contre elle; un tel intérêt, disons-nous, doit paraître si extraordinaire, si peu croyable à une époque si éminemment industrielle et vouée au culte du veau d'or, que nous regardons comme indispensable de l'appuyer de quelques preuves. Parcourons donc rapidement les annales de la république et ne nous arrêtons qu'aux faits principaux.

En juillet 1789, se forme la société des Amis des arts. Composée d'abord de six cents actionnaires, elle ne put acquérir, la première année, que pour 30,000 livres d'ouvrages d'art. De 1790 à 1791, le nombre des actionnaires s'élève à mille, le prix des actions est augmenté de 10 livres et la société achète pour 60,000 livres de tableaux, de sculptures, de gravures. Enfin, en

1792, la société dépense 72,000 livres et le tirage des lots se fait au commencement de 1793.

Les expositions au Louvre, débarrassées des entraves du jury, au lieu d'être bisannuelles, se succèdent régulièrement chaque année. Les notices sont précédées de préfaces curieuses et pleines d'enthousiasme pour les arts.

Le 14 août 1792, l'Assemblée Législative nomme une commission de six membres pour rassembler les chefs-d'œuvre épars dans les maisons royales et dans les temples supprimés. Le ministre de l'intérieur Roland est chargé de la formation d'un muséum national. Mais, avant de faire restaurer les peintures qui doivent y prendre place, on établit un concours de restauration, afin de connaître les artistes les plus habiles dans cette opération délicate. On distribue des ateliers convenables à ceux qui ont été choisis et l'on désigne une commission pour surveiller ces restaurations. Que les temps sont changés, et combien l'on y met moins de façons maintenant !

L'an ii, la Convention, reconnaissant l'urgence de s'occuper de l'éducation nationale et de répandre dans le peuple les bienfaits d'une instruction solide et vraie, institue un comité d'instruction publique. Ce comité nomme une commission temporaire des arts composée d'hommes marquants, chargée de la conservation des monuments, des bibliothèques, des galeries, du transport des objets concernant les arts et les sciences ; de leur classification, de leur description.

Afin d'arriver plus sûrement au but qu'elle se propose, cette commission dresse une instruction détaillée sur la manière d'inventorier et de préserver, dans toute l'étendue de la République, ces mêmes objets; donne des modèles de catalogues, indique les substances propres à conserver les préparations anatomiques et les plantes, répand dans tous les districts un mémoire de 70 pages in-4°, chef-d'œuvre de clarté, de méthode, terminé par une exhortation fraternelle sur la nécessité de respecter les monuments.

Dans la crainte que l'exhortation soit insuffisante, elle l'appuie de deux décrets de la Convention. Le premier (15 avril 1793) condamne à deux ans de détention ceux qui seront convaincus d'avoir mutilé, cassé des sculptures dans le jardin des Tuileries et autres lieux appartenant à la république. Le second (3 brumaire an II) défend d'enlever, de mutiler, d'altérer en aucune manière, sous prétexte de faire disparaître des signes de féodalité ou de royauté dans les bibliothèques, dans les collections, cabinets, musées, chez les artistes, les livres, dessins et gravures, les tableaux, les statues, les bas-reliefs, les médailles, les vases, les antiquités, les modèles et autres objets qui intéressent l'histoire des arts ou des sciences.

Lorsque nos armées triomphantes dictèrent des lois aux nations vaincues, la République envoya des commissaires pour recueillir les objets d'art regardés par elle comme d'*immortels* trophées de nos victoires. Ceux de la Lombardie arrivent les premiers en France, ceux de Venise, des États romains, de la Belgique, de Dusseldorf, sont en route ; mais l'administration a hâte de satisfaire l'impatience du public en lui procurant immédiatement la jouissance de ce qu'elle possède déjà. Plus de cent châssis de grande dimension sont construits pour retendre les tableaux peints sur toile ; cinquante sont magnifiquement encadrés ; les autres reçoivent des cadres de bois provisoires en attendant que les circonstances permettent de leur en donner de plus décents ; les tableaux pourris par l'humidité des églises, brûlés par la foudre, sont rentoilés, restaurés habilement sous la surveillance d'une commission de chimistes et d'artistes. Des livrets très-bien rédigés, enrichis de notes biographiques, indiquant l'histoire du tableau, ses dimensions, la proportion de ses figures, sa provenance, son prix originaire, les gravures qui en ont été faites, etc., des livrets enfin tels qu'ils doivent être et tels que nous n'en aurons jamais, sont publiés chaque fois afin de mettre le public en état de porter un jugement éclairé et d'épargner aux lecteurs des recherches fastidieuses.

Ainsi furent exposés successivement les envois de commissaires en l'an VI, VII, IX, X, XI (1).

Pour en finir avec les actes de la République, rappelons que c'est la Convention expirante qui, dans son avant-dernière séance, le 25 octobre 1795, organisa définitivement l'Institut national créé par la constitution de l'an III, afin, dit le décret, de perfectionner les arts, les sciences, par les recherches non interrompues, et poursuivre les travaux scientifiques et littéraires qui ont pour objet l'utilité et la gloire de la République. Hâtons-nous d'ajouter que cette réunion de cent quarante-quatre membres, encyclopédie vivante où figuraient six peintres, six sculpteurs, six architectes, n'avait rien de commun avec les académies renversées comme tyranniques et, par conséquent, ne possédait aucun de leurs priviléges. Mais ces bases libérales sur lesquelles l'Institut avait été fondé et qu'il serait si à propos de rétablir, ne furent pas longtemps respectées. Le premier consul ne tarda pas à y porter la main. Par un arrêté du 23 janvier 1803, les deux premières des trois classes primitives (sciences physiques et mathématiques, sciences morales et politiques, littérature et beaux-arts) en forment quatre (sciences physiques et mathématiques, langue et littérature française, histoire et littérature anciennes, beaux-arts); la troisième (sciences morales et politiques) est supprimée et n'a été rétablie qu'en 1832. Telle fut, pendant tout le temps de l'empire, l'organisation de l'Institut, qui, bien que détourné du but de sa création, ne possédait encore ni l'administra-

---

(1) Dans la notice de l'an X, on trouve un extrait du rapport des citoyens Guiton Morveau, Bertholet, Vincent, Taunai, chargés de surveiller le transport sur toile des tableaux de *la Vierge au Donataire de Foligno*, de Raphaël, et du *Saint Pierre martyr*, du Titien, tous deux peints sur bois, dégradés au point de s'en aller par écailles, et sauvés miraculeusement par le transport d'une destruction certaine. L'administration fait observer que, malgré le succès complet obtenu dans cette occasion, elle ne permettra les restaurations que lorsqu'il y aura plus d'avantages à faire courir aux tableaux les hasards de ces opérations délicates que de les abandonner à une perte assurée.

tion, ni l'enseignement des beaux-arts, mais reçut déjà le pouvoir de juger du mérite des œuvres nouvelles, pouvoir terrible dont il se hâta de se montrer indigne à jamais.

Voici comment les choses se passaient alors. Les ouvrages en tout genre, science, littérature, beaux-arts, étaient examinés par un jury composé des présidents et des secrétaires perpétuels de chacune des quatre classes. Le rapport du jury et le procès-verbal des discussions, remis au ministre de l'intérieur, était ensuite renvoyé par lui à chacune des classes pour la portion qui la concernait. La classe nommait une commission composée d'un membre de chacune des sections qui la composaient; enfin le travail de cette commission, envoyé au ministre de l'intérieur, était soumis à l'empereur.

Nous ne citerons maintenant que deux arrêts trop célèbres rendus par ces juges éclairés, dont les successeurs conservent si religieusement les traditions.

L'Américain Fulton avait fait remettre au premier consul un mémoire sur la possibilité de construire des bâtiments naviguant contre le vent et la marée, sans voiles et au moyen de la vapeur. Cette découverte, dont les résultats eussent été alors incalculables, frappa vivement Bonaparte, qui, après un examen attentif et tout en croyant à la possibilité de sa réalisation, voulut avoir l'avis de ses confrères de l'Institut. La section des sciences physiques et mathématiques repoussa l'application de la vapeur à la navigation comme la rêverie d'un cerveau malade. Le premier consul, vivement contrarié de cette décision de la docte compagnie, lui renvoya une seconde fois le mémoire, afin qu'elle l'examinât plus attentivement encore. Même réponse. Quelques années plus tard, Napoléon, à bord du *Bellérophon* et traîné en exil, aperçut une colonne de fumée sortant du sein des flots. Étonné de ce phénomène, il en demanda la cause, et il eut la douleur d'apprendre que cette fumée s'échappait de la cheminée du *Fulton*, bateau à vapeur construit par un Américain qui avait été récompensé noblement par sa patrie d'une si belle découverte.

Revenons aux beaux-arts. Bonaparte avait conçu l'idée des prix décennaux, idée brillante en théorie, et tout simplement inexécutable en réalité; car il ne s'agissait plus ici de juger des élèves, c'était les juges qui allaient être jugés à leur tour et par eux-mêmes. Le vote d'un pareil tribunal ne pouvait être libre; la passion devait le dicter et l'intrigue l'emporter. C'est ce qui arriva.

La commission du jury, nommée par la classe des beaux-arts, se composait de : Ménageot, peintre; Cartelier, sculpteur; Peyre, architecte; Duvivier, graveur; Gossec, musicien. Le grand prix de première classe (10,000 fr.) pour l'auteur du meilleur tableau d'histoire fut décerné à Girodet *Le Déluge* l'emporta sur *les Sabines* de David, la *Phèdre* de Guérin, *la Justice et la Vengeance divine* de Prud'hon, et voire même le *Télémaque* de Meynier. L'autre grand prix de première classe pour l'auteur du meilleur tableau représentant un *sujet honorable pour le caractère national* fut adjugé à David, peintre du *Sacre*. L'équitable jury accorda une distinction particulière aux *Pestiférés de Jafa*, au *Champ de bataille d'Eylau*, à la *Bataille d'Aboukir*, de Gros; au *Passage du Mont-Saint-Bernard* de Thévenin, et jugea digne d'une mention honorable le *Ney à Inspruck* de Meynier, la *Bataille d'Austerlitz* de C. Vernet, et *la Reddition des clefs de Vienne* de Girodet.

Chaudet eut le grand prix de sculpture, sujet héroïque, pour sa statue de l'empereur. Le bas-relief des Muses rendant hommage à Napoléon-le-Grand, qu'on peut admirer au fronton du Louvre, obtint le grand prix pour le meilleur ouvrage de sculpture dont le sujet doit être puisé dans les faits mémorables de l'histoire de France.

Ainsi, d'une part, les faits mémorables de l'histoire de France et honorables pour le caractère national sont : le sacre de l'empereur, l'image de l'empereur, les Muses rendant hommage à Napoléon-le-Grand; de l'autre, Girodet l'emporte sur David, qui l'emporte sur Gros et Prud'hon; enfin Chaudet est vainqueur de Julien, assez maladroit pour envoyer à pareille époque une statue du Poussin au concours.

Arrêtons-nous ici, de pareilles erreurs se reproduiront sous tous les gouvernements absolus, et toutes les fois que des académies, gardiennes vigilantes et intéressées des doctrines pédantesques et scolastiques, seront appelées à formuler un jugement; car ces doctrines scolastiques sont essentiellement fausses, ennemies de toute naïveté, et par-dessus tout tyranniques. A leurs yeux, la moindre tentative d'innovation est un crime digne de mort, et le génie naissant qui ne veut pas accepter leurs chaînes doit se résigner aux palmes du martyre, si, nouvel Hercule, il ne parvient à dompter par le fer et le feu cette hydre aux cent têtes. Mais qu'il sorte vainqueur de la lutte, et la foule, qui dans le péril ne lui aurait pas tendu une main secourable, s'empressera de se constituer la garde prétorienne de l'esclave triomphant qu'elle proclame César.

Telle est l'histoire de David, artiste d'un grand talent que l'époque actuelle enveloppe injustement dans la proscription dont elle a frappé ses malheureux imitateurs. Doué d'une rare énergie, servi admirablement par les circonstances, l'élève de Boucher et de Vien se révolta contre l'ancienne académie dont il était membre, brisa ses bancs vermoulus et finit par fonder une école plus tyrannique peut-être que toutes les précédentes. Quiconque ne jurait pas sur la parole du maître, ne posait pas exactement ses pieds dans l'empreinte de ses pas, était traité comme un paria ou considéré pour le moins comme hérétique. On en arriva à un degré d'aveuglement inouï et qui passe toute croyance. En vain Greuze, à trois Salons consécutifs, expose vingt-quatre tableaux, on ne daigne même pas les critiquer, et ce grand artiste meurt dans la misère sans obtenir un regard de pitié.

Prud'hon, admirable génie, digne émule des Corrége et des Raphaël, passe pour ainsi dire inaperçu au milieu du servile troupeau des imitateurs de l'antique vu par les yeux de David. Gros lui-même, le seul grand homme dont son école puisse se glorifier, est soupçonné de rébellion aux saines doctrines, et ce maître, jusqu'à sa mort, ne cesse de le conjurer de produire enfin une œuvre de haut style capable de fonder sa réputation. Enfin *Géricault* arrive, et la *Méduse*, si décriée à son apparition, ne figurerait pas au Musée, si, après trois ans de vaines réclamations, M. de Forbin n'avait avancé 6,005 francs, dont il fut remboursé avec peine, pour acquérir cette toile admirable. Le règne de David ne finit pas avec l'empire, et les membres de cette funeste école, qui a si étrangement défiguré l'antique, continuèrent après l'exil du maître, et continueront jusqu'à leur dernier soupir un système odieux de persécution.

La Restauration, fidèle aux traditions de l'ancien régime, se hâta de désorganiser l'Institut et d'altérer encore davantage les principes qui avaient présidé à sa formation. Une ordonnance du 21 mars 1816 donne aux différentes classes le nom d'académies.

La quatrième classe redevient l'ancienne Académie royale des Beaux-Arts, décernant les médailles aux concours, les prix de Rome ; ayant le monopole de l'enseignement, privilége unique dans le corps, car les Académies françaises, des sciences, des inscriptions et belles-lettres, ne se mêlent nullement de l'enseignement de la littérature, de la physique, de la médecine, n'exercent aucun droit de surveillance sur l'Université, et ne prononcent des jugements que sur les questions mises par elles aux concours ou qui leur sont soumises bénévolement. On comprend facilement que des Académiciens professant en même temps à l'école des Beaux-Arts et chez eux, juges dans les concours pour les places, les médailles, les prix de Rome, écarteront obstinément les élèves des professeurs qui ne sont pas de leur compagnie, ou, pour mieux dire, empêcheront les jeunes gens, par la perspective certaine d'insuccès, de fréquenter d'autres ateliers que les leurs. Ce privilége scandaleux, immoral, est exploité avec trop d'impudeur pour qu'on ne finisse pas par sentir qu'il est urgent de rendre au ministère de l'intérieur un pouvoir dont il n'aurait pas dû se dessaisir.

Malgré ces attributions exorbitantes, l'Académie, sous la

restauration, ne possédait pas encore là puissance fatale d'ouvrir ou de fermer, à son gré, les portes du salon du Louvre à ceux qui n'étaient pas admis dans son sein.

Sous Louis XVIII, il y eut cinq expositions (1814, 1817, 1819, 1822, 1824), et le jury d'examen se composait de MM. de Forbin, président; Gérard, Gros, Girodet, Lemot, Bosio, Fontaine, Quatremère de Quincy, de Cailleux, Boutard, chef de division des Beaux-Arts. Les membres du jury, pour l'unique exposition sous Charles X (1827), furent MM. le vicomte de La Rochefoucauld, président; le comte Forbin, le duc de Luynes, baron Gérard, baron Gros, Ingres, Bosio, Cortot, Desnoyers, Fontaine, Percier, le vicomte de Sennones, le comte Turpin de Crissé, Boutard, de Cailleux et Lenormand.

Certainement, un jury ainsi composé n'était pas libéral, et les doctrines de David y comptaient trop de partisans pour que les artistes qui essayaient de se soustraire à leur influence ne fussent pas regardés comme des malheureux égarés par l'esprit de vertige et d'erreur. Eh bien! cependant ce jury se montra paternel, en comparaison de celui qui nous décime; soit indulgence et pitié pour des aveugles qui s'enfonçaient aventureusement dans des voies sans issues, à leurs yeux, soit peut-être perfidie et l'espoir qu'en étalant au grand jour des productions si condamnables et si ridicules, le public dégoûté détournerait les yeux et ferait prompte justice de tant d'audace, il n'en est pas moins certain que la commission ne résista que faiblement à la révolte qui menaçait ouvertement de renverser ses idoles. C'est alors que parurent MM. Delacroix, Scheffer, Deveria, Boulanger, Dupré, Cabat, Roqueplan, Huet, etc., enfin tous les artistes qui ont un nom, et que le jury actuel a si souvent impitoyablement repoussés. Ajoutons, à la gloire de la commission présidée par M. de La Rochefoucauld, qu'avant de clore ses opérations elle voulut revoir encore une fois les tableaux refusés à un premier examen.

Enfin, nous arrivons à l'époque la plus désastreuse pour les beaux-arts, celle qui suivit la révolution de juillet. Après 1830, l'Académie des beaux-arts fut mise en possession, par une ordonnance royale, de juger seule les objets envoyés à l'exposition du Louvre. Ce privilége, joint au monopole de l'enseignement, donne à la quatrième classe de l'Institut une puissance dictatoriale qui n'est contre-balancée par rien, anomalie inique et bien étrange dans un régime constitutionnel si ami de l'équilibre des pouvoirs et de l'égalité des droits. Nous aimons à penser qu'en changeant l'ordre des choses précédemment établi, on a cru agir d'une manière libérale et dans l'intérêt des artistes. Cependant, dès les premières opérations de ce nouveau jury, on a pu voir combien sa constitution était vicieuse, et l'on n'aurait pas dû attendre, pour le modifier ou le changer entièrement, que l'indignation soulevée par l'arbitraire de ses actes fût arrivée au point de dégoûter une partie elle-même de la commission. Si dans une administration publique, si dans un ministère quelconque de pareils abus s'étaient renouvelés, non pas pendant dix-sept ans, mais seulement deux ou trois fois, la presse n'aurait pas eu assez de voix pour demander justice, et les chambres en auraient fait un thème inépuisable de réclamations. Mais qu'importent les plaintes d'une poignée d'artistes! Qui a jamais entendu parler de leurs droits, hors celui de monter la garde, qu'on leur a si gracieusement octroyé et dont ils se montrent si peu jaloux? Parlez-nous des industriels, à la bonne heure, leurs droits sont clairement définis, enregistrés, et nul n'y touchera qu'en tremblant, car leur mécontentement pourrait se manifester d'une manière trop sérieuse pour qu'on osât le provoquer.

Protestons énergiquement contre une pareille indifférence, et, pour prouver que nos plaintes n'ont rien d'injuste, d'exagéré, terminons l'histoire de l'oppression des beaux-arts par un tableau fidèle de ce qui se passe au Louvre depuis 1830, quelque temps avant l'exposition.

A partir du moment fixé pour l'ouverture des opérations du jury et pendant toute la durée des séances, l'administration du

Musée, afin de mettre sa responsabilité à couvert, envoie *chaque jour* et à *chaque membre* de la quatrième classe de l'Institut, sans en excepter ceux qui se sont séparés de leurs confrères, une lettre de convocation. Les musiciens étant exclus, quatorze peintres, huit sculpteurs, huit architectes, quatre graveurs, sont donc appelés. Parmi ces quatorze peintres, MM. Vernet et Delaroche, n'ayant pu faire entendre la voix de la raison à leurs collègues, se sont retirés depuis longtemps; M. Hersent, qui avait demandé inutilement en 1833 une révision des tableaux refusés, a suivi leur exemple; et M. Ingres, indigné des jugements de la commission barbare qui, en 1841, rejeta les deux tiers des objets présentés, s'est abstenu depuis cette époque, après avoir signé courageusement le premier une pétition de réforme que d'habiles manœuvres surent adroitement faire avorter. M. Drolling s'abstient également, et MM. A. de Pujol, Heim, Blondel, ne viennent qu'irrégulièrement. M. Schnetz était à Rome l'année dernière. Les fidèles se réduisaient donc en 1847 à MM. Couder, Granet, Brascassat, Garnier et Picot.

Parmi les huit sculpteurs, M. David s'est retiré. M. Pradier ne vient qu'irrégulièrement. Les six autres, ainsi que les huit architectes et les quatre graveurs, se gardent bien de manquer à l'appel, afin de défendre l'art en péril, et montrent, pour ce qu'ils appellent le style, un amour frénétique qui les pousse aux plus odieuses extravagances.

Le président est nommé à la première séance pour toute la session. Le nombre des juges varie de 18 à 22. Mais, d'après un article du règlement, il suffit de la présence de neuf membres pour qu'un objet soit jugé; en sorte qu'un tableau peut trouver pour appréciateurs huit architectes et un sculpteur. Or, nous ne sommes plus au temps fortuné de la renaissance, où les beaux-arts se prêtaient un mutuel secours et concouraient à la perfection de l'ensemble. Le sculpteur était souvent architecte, et le peintre plus souvent encore sculpteur, architecte, ingénieur, quand il n'était pas aussi poëte et musicien. Tels furent Léonard,

Michel-Ange, Raphaël, Jules Romain, Daniel de Volterre, Cellini, et la pléiade des artistes placés au deuxième rang, comme Vasari, Tibaldi, Beccafumi, Salvator, etc. Au XVIe siècle, on pouvait bien agiter continuellement la question de la prééminence de la peinture sur la sculpture, question oiseuse et stérile s'il en fut; mais l'idée ne serait jamais venue à un sculpteur de faire peu de cas de la peinture, ni à un architecte de croire et de dire qu'elle fait tache et gâte un monument. Nous en sommes arrivés là maintenant, et il était réservé à notre siècle industriel d'introduire dans les beaux-arts la *spécialité* et la divison du travail. Les sculpteurs, ne cultivant presque jamais la peinture, et les architectes, s'étant follement épris d'idées égyptiaques, byzantines, néo-grecques, ogivales, gothiques, qui n'admettent la représentation de l'homme et des scènes de la nature qu'avec des formes par trop naïvement enfantines, ces messieurs, disons-nous, se sont déclarés les ennemis implacables des peintres. N'ayant aucune notion, même élémentaire, des exigences du clair-obscur, du coloris, de l'agencement d'un grand nombre de figures, de la perspective aérienne, accessoires insignifians à leurs yeux, ils portent à une certaine pureté de ligne tout-à-fait conventionnelle, à une précision de contours, une affection telle qu'ils ne s'imaginent même pas que le reste puisse être compté pour quelque chose. L'art pour eux se réduit à une ligne extérieure, et quelle ligne, grands dieux ! Cette fatale préoccupation de la ligne dessèche leur cœur, glace leur imagination et leur fait commettre systématiquement les plus grossières erreurs. Si l'on veut que les artistes soient jugés par leurs pairs, faites juger les peintres par les peintres, les sculpteurs par les sculpteurs, les architectes par les architectes, et pas autrement. De pareils jugements seront peut-être entachés par l'esprit de parti et d'école; mais au moins il n'y aura pas de la part des juges une ignorance complète de l'art mis en question, et une œuvre vigoureuse, si étrange, si excentrique qu'elle puisse être, ne sera pas condamnée à être ensevelie dans le néant.

Si l'on admet que les pairs des artistes sont de mauvais juges, ce que nous ne pouvons accorder lorsqu'il s'agit d'admission à l'exposition, et que leur nombre est suffisant pour que toutes les opinions puissent être à peu près représentées, adjoignez aux peintres juges plutôt des amateurs que des sculpteurs et surtout des architectes, et soyez sûr que les peintres, en cela plus modestes que leurs prétendus pairs les architectes, ne demanderont jamais à juger leurs œuvres. Faut-il rappeler ici, à l'appui de ce que nous avançons, ce qui s'est passé l'année dernière? Après l'examen des tableaux on présenta une centaine de dessins d'architecture. Aussitôt les peintres se lèvent en masse pour se retirer, et les architectes étonnés de se récrier : « Pourquoi vous en allez-vous donc, messieurs? — Parce que nous n'entendons rien à vos plans, coupes, élévations. — Mais nous avons bien jugé vos tableaux?— Bien, cela vous plaît à dire, » répondit un académicien qu'on ne peut certes pas soupçonner de romantisme; « nous trouvons que vous avez jugé fort mal, et, comme nous pourrions vous imiter en nous mêlant de ce qui ne nous regarde pas, nous nous retirons; » et les peintres se retirèrent.

Les peintres sont donc unanimes sur l'incompétence des sculpteurs et des architectes, *en fait de tableaux*, et, tant qu'on s'obstinera à accoupler ensemble des gens qui ne peuvent ni s'entendre ni se souffrir, il en résultera une guerre funeste dont les exposants, victimes de ces luttes intestines, feront tous les frais.

Les opérations du jury durent de onze à quatre heures avec une heure de repos. Les tableaux classés par catégories de portraits, paysages, sujets de genre, d'histoire, et point par noms d'auteurs, sont mis successivement sous les yeux des juges, qui prononcent sommairement les mots : *accepté, refusé*. En cas de dissidence on va aux voix, et à égalité de suffrages l'on est reçu. On voit, car on ne peut dire que l'on examine, quatre cents ouvrages par séance, c'est-à-dire environ cent par heure. Deux secrétaires de l'administration enregistrent les acceptations et les refus; les juges signent le procès-verbal sans vérification, et la confusion est telle, que souvent des tableaux rejetés ont été exposés par erreur, et que d'autres repoussés déjà une fois, représentés l'année suivante, sont admis.

Il ne faut pas croire cependant que l'ignorance, l'incurie des intérêts d'autrui et la précipitation soient les seules causes de ces arrêts qui révoltent chaque année le sens commun et le bon goût. L'on s'étonnera moins de voir proportionnellement si peu de dames refusées, et certains peintres toujours admis quand même, lorsqu'on saura que chaque membre a sa liste de numéros d'inscription de tableaux, en sorte qu'il peut reconnaître au passage ses élèves, ses parents, ceux de ses confrères, et les noms qui lui ont été recommandés par des amis, des collègues, des députés influents. Les concessions mutuelles sont admises, et, après la séance, on voit des protecteurs absents accourir et s'informer du sort de leurs protégés.

Tel est l'état des choses. Si l'on a parcouru avec quelque attention l'histoire des beaux-arts que nous avons essayé de tracer depuis l'établissement de la maîtrise jusqu'à l'époque actuelle, on avouera qu'après tant de siècles d'oppression il est temps d'accorder des institutions plus libérales à ce que l'on appelle dérisoirement la république des beaux-arts. L'heure des réformes, des concessions justes et salutaires, a sonné. Vouloir s'y refuser, quand l'ordre social a été si profondément modifié, serait inique et dangereux. Il faut donc se soumettre; céder au mouvement au lieu de tenter de l'arrêter sera, de la part du pouvoir, un acte de sagesse et d'humanité.

Jusqu'ici nous n'avons parlé que des justes griefs des artistes et des vexations inouïes dont ils sont victimes depuis longtemps; exposons maintenant leurs vœux, et traçons un plan complet de réorganisation du jury d'exposition, qui, longuement médité, sérieusement discuté, conciliera les intérêts de tous les partis et obtiendra, nous l'espérons, l'assentiment général.

CHAPITRE II.

DE LA NÉCESSITÉ ET DE LA COMPOSITION DU JURY.

De toutes les manifestations de la pensée humaine, celles qui se traduisent par les arts du dessin sont les plus exemptes de certaines conditions qui entravent la publicité. En effet, l'édition d'un volume, la représentation d'une œuvre dramatique, l'exécution d'un opéra ou d'une symphonie, entraînent des frais plus ou moins considérables et certaines responsabilités particulières et indépendantes de l'auteur. L'éditeur, le directeur de théâtre ou de concerts, servent d'intermédiaire forcé entre l'artiste et le public, et, s'il est vrai de dire que souvent l'incapacité de l'homme d'argent est venue entraver l'essor du génie, il faut avouer aussi que sa médiation a élevé une barrière salutaire entre le public et bien des œuvres indignes de lui être offertes.

Dans les arts du dessin, rien de tel. Une statue, un tableau, un dessin, sont, chacun dans son espèce, un tout unique, un objet complet. Ici, les conditions de publicité se réduisent aux termes les plus simples : un peu de place au jour dans un lieu public. Si vous ouvrez à tout le monde indistinctement les salles d'exposition, à côté de l'artiste savant et consciencieux qui n'aura épargné ni temps, ni dépenses pour offrir au public des œuvres dignes de lui, l'ignorant présomptueux viendra prendre place et étaler au grand jour les résultats sans nom de ses conceptions indigestes. Nulle salle d'exposition ne pourra suffire à la bizarre invasion dont nous sommes menacés si on adopte, comme quelques personnes l'auraient souhaité, le principe d'une exposition universelle et sans contrôle. Copies, enseignes, aquarelles et dessins de pensionnaires, portraits surtout, on ne saurait, même d'après l'aspect actuel des salons du Louvre, se faire une idée de l'encombrement grotesque qui déshonorerait nos expositions nationales. Au milieu de ce chaos, comment espérer que le public aura la patience et le courage de démêler l'excellent, le bon, le passable? comment ne se lasserait-il pas de chercher si peu de bon grain parmi tant d'ivraie, et comment surtout ne prendrait-il pas bientôt en dégoût ces solennités de l'art ouvertes pour l'attirer?

Le seul remède possible, la seule digue à opposer à ce redoutable envahissement sera donc encore un jury d'admission.

Mais, si nous voulons sauvegarder le bon sens et le goût public, et conserver à nos expositions l'attrait sans lequel elles ne peuvent vivre, nous voulons aussi les organiser d'une manière vraiment libérale; nous voulons que, tempérant par une sage réserve l'indulgence de ses admissions, le jury nouveau ne perde pas plus de vue les intérêts des artistes que ceux du public. Nous n'entendons pas dire que l'exposition ne sera composée que de chefs-d'œuvre. Il est aussi difficile de les classer que d'en faire; le temps seul les consacre et forme les musées, l'exposition des œuvres contemporaines n'est pas et ne doit pas être un musée.

Selon nous, la plus humble médiocrité, si elle se montre honnête, studieuse et suffisamment instruite dans la pratique de l'art, a le droit de se produire aussi bien que le génie le plus éclatant. Le débutant chez qui se révèle la moindre étincelle du feu sacré doit trouver les portes ouvertes aussi larges que l'artiste rendu célèbre par vingt ans de succès. Le soleil de la publicité doit féconder le germe, aussi bien qu'il mûrit le fruit. N'oublions pas d'ailleurs que, si le génie ne s'apprend pas, le talent, jusqu'à un certain point, peut s'apprendre, et que le talent a le droit de vivre.

Nous avons vu comment autrefois les corporations privilégiées dispensèrent aux artistes ce droit de publicité. Aujourd'hui nous voyons l'Institut, digne héritier de leurs traditions, transformer l'exposition en question de doctrines et de tendances, qu'il en-

courage ou proscrit, et par ce procédé, aussi simple qu'ingénieux,
en faire une sorte de récompense, qu'il décerne, à lui d'abord,
puis à ses amis ou élèves, n'y admettant les autres que quand ils
forcent les portes ou entrent par les fenêtres. Nous voulons que
l'Exposition cesse d'être une récompense, un privilége, un tripo-
tage de coterie; nous voulons qu'elle devienne un droit égal
pour tous, sans acception d'écoles ni de tendances, mais sous la
simple garantie de preuves de savoir et de capacité. Pour l'appré-
ciation de ces preuves, des juges seront nécessaires; nous allons
examiner quels seront ces juges, et dans les rangs de quelle classe
nous devrons les choisir.

COMPOSITION DU JURY.

Après tout ce qui vient d'être dit, il semblerait évidemment
grotesque d'essayer une discussion sérieuse sur l'opportunité de
laisser entre les mains de l'Institut les fonctions dont il fait un si
monstrueux abus. Même en supposant ce corps renouvelé de fond
en comble, n'aurait-on pas toujours à redouter les tendances
aristocratiques inhérentes à toute réunion d'individus privilégiés?
N'est-il pas d'ailleurs facile de prévoir que la plupart des artistes
appelés à faire partie de ce corps n'y peuvent arriver généralement qu'à un âge où ils ont trop souvent perdu le sens et la curiosité des œuvres et des talents venus derrière eux?

Dans ces fonctions, le passé de l'Institut nous répond de son
avenir. On a déroulé jusqu'à la satiété, jusqu'au dégoût, le tableau des actes d'ignorance et de partialité obstinée, d'injustice
volontaire ou involontaire, qui ont été commis. Nous avons vu
avec quel prodigieux sang-froid, avec quelle inintelligente bruta-
lité, malgré la clameur des victimes, malgré les inquiètes réclamations des gens du monde, malgré la généreuse colère des
uns, les sages avertissements des autres et les unanimes réclamations de la presse, l'Institut a poursuivi son œuvre d'ostra-

risme et d'exclusion, et la poursuivra encore, sans nul doute, s'il reste maître de la position qu'il a conquise.

La plus forte, la plus terrible preuve contre cet ancien et inique despotisme, preuve mille fois invoquée déjà, mais qu'on ne saurait remettre trop souvent sous les yeux du bon sens et de la pudeur publique, c'est l'exclusion opiniâtrément fulminée par l'Institut contre plusieurs artistes dont il est inutile de citer les noms, puisqu'ils sont les plus glorieux, ceux auxquels le public accorde le plus volontiers sa faveur souveraine, ceux que les artistes saluent comme leurs plus illustres confrères.

Il est donc surabondamment démontré que, la nécessité d'un jury une fois admise, la question réside tout entière dans la constitution d'un jury nouveau.

Selon nos vœux et notre plan, essentiellement large et libéral, les membres de l'Institut auquel, comme corps, nous prétendons retirer son omnipotence tyrannique, peuvent et doivent, s'ils le méritent individuellement, faire partie du jury. L'Institut représente, en somme, une masse d'idées anciennes, respectables et fondamentales, qui comptent dans son sein quelques illustres représentants. A ces hommes, nul de nous n'oserait, à coup sûr, refuser son admiration ni ses suffrages, tout en refusant de se soumettre à leur juridiction exclusive. Les membres de l'Institut pourront donc faire partie de notre jury nouveau, parce que nous voulons que toutes les tendances, tous les systèmes, toutes les forces de l'art, y soient impartialement représentés.

Nous avons vu qu'autrefois quelques personnages figuraient, à titre d'amateurs, sur les listes du jury. Nous avons discuté la légitimité des droits de ces membres excentriques et l'opportunité qu'il pourrait y avoir à les admettre encore dans une proportion plus ou moins limitée. Nous avons bientôt reconnu que ce serait ouvrir la porte à bien des abus, fausser le principe même de l'institution, en contredire la raison d'être fondamentale, que de mettre en présence, dans un même corps, deux éléments dont l'un ne saurait être que la vérification, le contrôle de l'autre. Aux amateurs ne saurait appartenir une si importante initiative : laissons-les dans leur droit de confirmer ou de discuter les jugements, et dans l'influence très-sérieuse qu'ils exercent sur l'opinion publique.

On a parlé aussi de l'admission possible ou présumable de quelques femmes dans le jury d'admission, ou plutôt on a prévu la difficulté, l'impolitesse qu'il y aurait, le cas échéant, à refuser cet honneur à quelques dames qui l'auraient mérité et obtenu par un talent réel et sérieux. Des raisons d'une haute convenance, et que chacun comprendra plus facilement que nous ne saurions les développer avec tous les ménagements nécessaires en un sujet si délicat, nous ont fait résoudre négativement cette éventualité.

NOMINATION DU JURY.

Nous nous baserons, avant tout, sur cet axiome de la plus vulgaire comme de la plus souveraine équité : *Nul ne peut être jugé que par ses pairs.* Ainsi donc ceux-là seuls peuvent juger les peintres, qui sont peintres; les sculpteurs, qui sont sculpteurs, etc. Il faut, par une déduction rigoureuse du même principe, que nos juges soient choisis et nommés par nous-mêmes, parmi nos pairs. Nous voilà donc arrivés, par un irrésistible enchaînement de conséquences, à l'emploi du grand mobile des sociétés modernes, l'ÉLECTION. L'élection étant appliquée à une classe aussi limitée que celle des artistes, on doit arriver facilement à l'expression véritable des vœux du plus grand nombre. Nous voyons partout, autour de nous, l'application du mécanisme électoral produire les plus heureux résultats quand la corruption n'en fausse pas le principe. Entre égaux, cette corruption est difficile et peu praticable. Qu'y aurait-il donc d'incompatible avec la raison à voir les artistes, adoptant les habitudes qui régissen tant d'autres sociétés dans l'État, jouissant à leur tour des mêmes droits que les autres citoyens, élire aussi leurs juges, les dispensateurs de leurs droits les plus précieux? Nul n'osera, croyons-nous, réclamer contre la sentence de ceux qu'il aura choisis lui-même. D'ailleurs, l'excessive latitude laissée pour l'admission, dans les fonctions de ce jury, telles que nous les exposerons plus loin, suffira pour rassurer les plus méfiants et les plus craintifs.

ÉLECTEURS.

Tout artiste sera électeur, tout électeur devra être artiste. Mais ce titre d'artiste entraîne avec lui quelque chose de vague et d'indéterminé. La corporation, le corps, la confrérie ou la classe des artistes, quel que soit le nom qu'on veuille lui donner, n'est pas constituée. En effet, où commence l'ouvrier et où finit l'artiste? où finit l'amateur et où commence l'artiste? Pour se parer de ce beau titre, nul ne passe d'examen, n'obtient de diplôme; le premier venu peut, avec ou sans prétexte, se dire artiste et réclamer son droit de vote avec nous. Il nous fallait résoudre cette difficulté; ne pouvant nous adresser, pour cela, qu'aux positions acquises sous le régime que nous voulons modifier, nous avons pensé ne pouvoir mieux faire que d'appeler à l'élection la classe très-nombreuse des artistes qui ont exposé depuis 1830, c'est-à-dire depuis l'institution des Salons annuels.

Il nous faut, en effet, une classe spéciale et facilement désignée, qui nous fournisse d'une manière complète les nuances de toutes les opinions, la gamme de tous les sentimenns, l'échelle de tous les systèmes. Nous croyons avoir résolu la question d'une manière à la fois conforme à l'équité et aux principes les plus larges et les plus libéraux. Si on nous objectait que nous allons, par cette mesure, créer un nombre illimité d'électeurs, nous dirions d'abord qu'on a plus de garanties de justice dans une assemblée trop nombreuse que dans une qui ne le serait pas assez, puis ensuite que l'absence des uns, la mort des autres, et, il faut la prévoir et l'avouer, la négligence de beaucoup, restreindront sans nul doute ce nombre qui semble d'abord si considérable.

MODE D'ÉLECTION.

Il n'y a et ne peut y avoir que deux manières d'élire nos jurés : le tirage au sort, ou le choix exprimant le vœu des majorités. Nous avons déjà fait pressentir que nous adoptons ce dernier parti.

Pour simplifier les opérations, épargner le temps des artistes, si peu habitués à se réunir dans un but d'intérêts communs, le tirage au sort avait semblé d'abord un assez bon moyen. Mais, outre qu'il importe, comme nous l'avons dit, de réunir en faisceau tous les représentants des opinions diverses qui se partagent le vaste champ de l'art, et qu'on ne saurait s'en remettre au hasard pour une tâche aussi délicate, l'élection à la majorité des voix nous a paru plus conforme à la dignité des artistes.

Quant à la marche à suivre pour nos élections, rien ne sera plus simple que de la calquer exactement sur celle qui est usitée pour toutes les opérations de ce genre. Le jour des élections étant annoncé d'avance, des réunions préparatoires auront lieu parmi les différents groupes d'artistes réunis par de communes sympathies. Les candidats seront avisés à l'avance ou se proposeront d'eux-mêmes : des listes imprimées pourront être distribuées, et enfin, pour arriver à la plus grande simplicité d'opérations et, par conséquent, à la plus grande économie de temps, la liste des élus sera établie non pas sur une majorité absolue pour chacun des élus, mais d'après le nombre relatif de voix obtenues par les premiers qui auront recueilli le plus de suffrages.

Voici, pour le rendre plus palpable, l'ensemble des réformes que nous demandons mis sous la forme réglementaire (1) :

ARTICLE PREMIER.

Les artistes reconnaissent la nécessité de l'institution d'un jury pour admettre ou refuser les objets d'art envoyés pour les expositions annuelles.

ART. 2.

Aux artistes seuls appartient le droit de nommer les membres de ce jury.

ART. 3.

Les membres de ce jury seront renouvelés annuellement, et nommés par les artistes ayant exposé depuis l'année 1830.

ART. 4.

Les élections du jury devront avoir lieu chaque année, du 1er au 15 décembre.

ART. 5.

Chaque artiste peintre présentera une liste de 30 noms.

ART. 6.

Chaque sculpteur, une liste de 22; chaque graveur, une liste de 14; chaque architecte, une liste de 14.

ART. 6.

La liste des jurés sera arrêtée d'après le nombre relatif des voix obtenues par les premiers qui auront recueilli le plus de suffrages.

ART. 7.

Chaque liste sera divisée en deux sections : la première pour le jury d'admission, la seconde pour le jury de révision (Voyez ART. 10).

---

(1) Nous avons dû suivre la division naturelle, et partager notre règlement en deux parties. Nous avons traité dans ce chapitre de l'organisation du jury, on trouvera au chapitre suivant la suite du règlement touchant les opérations du jury.

CHAPITRE III.

DES OPÉRATIONS DU JURY.

Le jury une fois constitué comme nous venons de l'indiquer, il s'agit de rechercher quel est le mode le plus expéditif et en même temps le plus libéral pour admettre les œuvres d'art soumises à son examen.

Établissons d'abord les articles du règlement que nous proposons, nous les discuterons ensuite.

Article 8.

Chaque artiste doit être jugé par ses pairs,

C'est-à-dire les peintres par les peintres, les sculpteurs par les sculpteurs, etc.

Art. 9.

Le jury sera composé de 80 membres et divisé en quatre classes :

Peintres et dessinateurs,	30 membres ;
Sculpteurs,	22 ;
Graveurs,	14 ;
Architectes,	14 ;

fonctionnant séparément et tout-à-fait indépendantes l'une de l'autre.

Art. 10.

Chaque classe sera partagée en deux sections de nombre égal tirées au sort et dont les fonctions auront lieu ainsi qu'il suit :

1° La première section, prise dans les premiers noms sortant, acceptera ou refusera les œuvres présentées ;

2° La seconde section revisera les ouvrages refusés et choisira parmi eux ceux qu'elle jugera admissibles (1).

Art. 11.

En cas d'absence forcée, la présence de 9 membres dans chacune des deux sections du jury de peinture,

De 7 pour les deux sections du jury de sculpture,

De 5 pour les deux sections des deux autres jurys,

Suffira pour faire admettre ou refuser une œuvre.

Art. 12.

Le maximum de la durée des séances du jury de peinture sera de quinze jours; celui des trois autres classes sera de huit.

Art. 13.

La seconde section commencera ses travaux le lendemain du jour où auront commencé ceux de la première section.

Art. 14.

Les œuvres d'art seront jugées d'après l'ordre alphabétique des noms de leurs auteurs.

Art. 15.

Dans les deux classes du jury, les œuvres présentées seront admises ou refusées à la majorité pure et simple.

Art. 16.

Si les jurés se trouvaient en nombre pair et qu'il y eût égalité de voix pour et contre, l'œuvre présentée serait admise.

---

(1) Nous avions pensé un instant à faire une troisième section de jurés supplémentaires destinés à remplacer ceux qui ne pourraient assister à toutes les séances; mais nous avons réfléchi que ce serait surcharger les listes de noms; que d'ailleurs ces jurés eux-mêmes pourraient être forcés de s'absenter pour tel ou tel motif, et qu'en conséquence il valait mieux admettre un *minimum* de jurés présents pour donner une opinion sur une œuvre présentée. Chaque artiste étant jugé par ses pairs, l'inconvénient qui existe dans cette mesure, appliquée au jury actuel, ne pourra plus se représenter.

Art. 17.

Seront reçues de droit, sauf le cas prévu par l'art. 16, les œuvres d'artistes ayant été admis trois fois à l'exposition;

D'artistes auxquels le jury aura décerné des récompenses.

Art. 18.

Seront exclues de droit les œuvres qui pourraient outrager la morale publique, ou qui tendraient à ridiculiser les actes ou les chefs du gouvernement.

Art. 19.

Une fois les opérations du jury terminées, il sera donné avis aux artistes par lettres closes de la réception de leurs ouvrages sans attendre l'ouverture du Salon, et en même temps la liste des ouvrages admis sera exposée au secrétariat, où chacun pourra venir la consulter.

Art. 20.

Les ouvrages non admis par le jury seront immédiatement rendus à leurs auteurs.

Art. 21.

Pendant la durée de l'exposition, les membres du jury s'entendront pour dresser une liste des ouvrages qui leur paraîtront mériter une récompense, et proposeront cette liste à l'agrément du roi.

Art. 22.

La distribution des récompenses décernées par le jury se fera en séance publique.

Les artistes émettent le vœu que la plus grande solennité et la plus grande publicité possibles soient données à cette séance.

Si maintenant nous passons à la discussion des divers articles que nous proposons, il ne nous sera pas difficile de faire voir combien, tout imparfaits qu'ils puissent être, ils sont supérieurs aux dispositions qui régissent maintenant l'admission des objets d'art.

Et d'abord, l'art. 8 est un axiome d'une évidence que personne, sauf le règlement actuel, n'aurait jamais songé à contester. En le donnant pour base à notre travail, nous coupons par sa racine cette anomalie ridicule dont nous avons parlé précédemment, et qui expose un graveur à être jugé par huit sculpteurs et un architecte, et réciproquement. Quant aux antipathies et aux sympathies qui pourraient exister dans chaque jury spécial, et auxquelles les personnes ignorantes des faits pensent que le mode actuel remédie, si elles trouvaient place dans notre système, au moins les artistes n'auraient-ils plus à s'en plaindre à juste raison, la nomination au jury leur étant dévolue et se trouvant être la manifestation du désir du plus grand nombre. Ainsi donc, autant de jurys qu'il y a de subdivisions dans les ouvrages d'art présentés. Que l'on ne nous objecte pas que ce sont là des complications que la pratique rendrait impossibles à exécuter, car nous répondrions que chaque catégorie d'artistes pourrait nommer ses jurés le jour même de l'élection générale (mettons, si l'on veut, deux et trois jours), et, une fois cette nomination faite, rien n'est plus simple que d'admettre que le travail de chaque jury, étant complètement indépendant l'un de l'autre, pourra avoir lieu les mêmes jours et aux mêmes heures dans des salles séparées.

Les nombres que nous donnons pour les membres de chaque jury sont arbitraires, et on verrait à l'arrêter ultérieurement d'une manière définitive ; cependant nous croyons qu'avec le jury de révision, quinze jurés suffisent pour juger les tableaux présentés et sont en assez petit nombre pour que les divergences d'opinions n'amènent pas de longues discussions. Une fois ce nombre admis, on comprendra facilement la raison qui nous fait donner des chiffres moins élevés pour les jurys des autres classes, les ouvrages de sculpture présentés étant beaucoup moins nombreux que les tableaux, et à leur tour les gravures et les lavis d'architecture moins nombreux que les sculptures.

Bien convaincus qu'on ne peut jamais assez multiplier les moyens de faire juger au public le plus grand nombre d'œuvres, bien persuadés qu'il vaut mieux accepter cent œuvres mauvaises que d'en refuser une bonne, nous voulons que les artistes jouissent de toutes les garanties possibles. Nous admettons donc un jury de révision égal en nombre au jury d'admission, qui, ainsi que son nom l'indique, aura à rechercher dans les œuvres refusées celles qui lui paraîtraient empreintes au plus petit degré de qualités qu'un refus pourrait étouffer, et qui se développeraient par le grand jour de l'exposition. Nous ne sommes ni les seuls ni les premiers qui ayons parlé d'une révision, et, puisqu'il a paru possible à certains esprits d'apporter cette modification au règlement actuel, à plus forte raison devait elle trouver place dans une re-composition générale (1).

Le jury actuel consacre généralement douze séances de cinq heures à juger les œuvres envoyées. En admettant qu'elles soient au nombre de 5,000, et l'on doit croire que ce chiffre ira en aug-mentant, cela donne une moyenne approximative de quatre-vingt-cinq œuvres jugées en une heure. Nous laissons à penser ce qu'un pareil jugement peut avoir de sérieux. Cet abus ne pouvait sub-sister, et notre division par classes, en reportant chaque œuvre devant ses juges naturels, fera gagner à leur examen tout le temps qu'ils perdaient à décider sur une question où leur incompétence était flagrante. Mais, afin que les décisions aient encore plus de valeur, et que les jurés n'aient pas à alléguer le manque de temps pour excuse à la légèreté de leurs jugements, nous demandons que le nombre des séances du jury de peinture, celui devant le-quel les œuvres passent en plus grande quantité, soit fixé à quinze de cinq heures par séance, ce qui, en admettant que sur 5,000 œuvres présentées il y ait 4,000 tableaux, donnerait une moyenne de cinquante-trois tableaux par heure au lieu de quatre-vingt-cinq: trente-deux tableaux de moins. Ce nombre peut encore paraître

---

(1) C'est même, ainsi que nous l'avons déjà dit, après avoir proposé amicale-ment à ses collègues un jury de révision et avoir vu sa proposition rejetée, que M. Hersent crut devoir prendre la résolution de s'abstenir comme il le fait de-puis plusieurs années.

exagéré, et c'est en partie pour répondre à ce reproche que nous avons reconnu la nécessité d'un jury de révision qui, si l'on suppose que le jury d'admission reçoive deux mille œuvres, n'en aura à juger que vingt-six en une heure. Ce résultat vaut la peine que l'on y réfléchisse. Les mêmes raisons qui nous ont fait désirer que les jurés sculpteurs, graveurs et architectes, soient en plus petit nombre que les jurés peintres, nous font demander aussi que pour les premiers, dont le travail est beaucoup moins long, le nombre des séances soit fixé à huit.

L'article suivant offre un avantage administratif que nous ne pouvions négliger et que l'on comprendra de suite. Dans le mode que nous combattons, les œuvres passent devant le jury rangées par genres, c'est-à-dire qu'un jour l'on juge les paysages, un autre les tableaux de genre, un autre les marines, etc., etc. Nous laisserons de côté la question artistique, car il est clair pour tout le monde que la fatigue qui résulte de l'examen de tout un genre doit nécessairement influer sur l'examen des diverses unités qui le composent et fausser le jugement que l'on en porte. Mais, au point de vue administratif, tout le temps que dure le jury est un temps perdu pour l'administration des musées, qui doit attendre pour faire travailler au livret, composé, comme on le sait, d'après l'ordre alphabétique, que tous les ouvrages aient passé devant les yeux du jury, puisqu'il peut arriver que le nom qui occupera la première place sur le livret soit jugé le dernier. C'est à éviter cette perte de temps, très-importante à l'époque où l'administration est surchargée de travail, que tend la disposition de notre article. En effet, si l'on suppose que, dans la dernière séance, le jury d'admission juge toute la lettre A, la seconde classe du jury la révisera le lendemain, et, tous les travaux du jury étant terminés sur cette lettre, l'administration pourra commencer les siens le surlendemain en copiant tout simplement sur les procès-verbaux les noms de ceux qui auront été admis. Ce qu'elle y gagnera comme temps et comme facilité de travail valait la peine que nous nous y arrêtassions.

Dans les deux classes du jury, les œuvres présentées seront admises ou refusées à la majorité pure et simple.

Si les jurés se trouvaient en nombre pair et qu'il y eût égalité de voix pour et contre, l'œuvre présentée serait admise.

Le simple énoncé de ces deux dispositions réglementaires suffit pour les faire comprendre.

Passons à la discussion de la disposition suivante :

« Seraient reçues, sauf le cas prévu par l'art. 18, les œuvres d'artistes ayant été admis trois fois à l'exposition ;

« D'artistes ayant reçu des récompenses. »

Ou bien, pour donner une forme plus vive à la pensée qui a présidé à la rédaction de ces articles, après avoir été à plusieurs reprises déclarés dignes par leurs pairs, les artistes n'obtiennent-ils pas un certain droit d'en appeler directement au jugement du public sans qu'aucun intermédiaire puisse s'élever entre eux et lui ? Nous croyons que, posée ainsi et débarrassée de la forme qui pourrait l'obscurcir, la question de droit est résolue ou peu s'en faut.

En effet, l'exposition annuelle est le seul moyen que les artiste possèdent de se faire connaître au public. Y être admis ou en être repoussé est une question de vie ou de mort pour eux. Or, est-il juste que tous les ans cette terrible alternative vienne se dresser devant eux, lorsqu'après un certain laps de temps de travaux constants, d'efforts réitérés et toujours couronnés de succès, ils n'auront jamais failli dans la voie qu'ils se sont ouverte ? Il nous semble que non. Il ont acquis un certain droit de cité que le bon sens ne peut leur refuser. Vouloir les soumettre tous les ans à la décision du jury, c'est vouloir retenir dans ses lisières l'enfant devenu homme. Mais, nous dira-t-on, c'est admettre des priviléges ; ce à quoi nous répondrons : Oui, nous admettons le privilége du talent, de la liberté et de l'émancipation pour tous, et malheur à qui ne les reconnaît pas comme nous!

Que si l'on nous objectait que l'artiste ayant ainsi acquis un droit pourrait envoyer impunément des œuvres pitoyables à l'exposition annuelle, nous répondrions par ce dilemme : Ou l'on suppose que l'artiste, abusant d'un droit, ferait mauvais dans le seul but de faire mauvais, et nous ne pouvons discuter sérieusement de semblables hypothèses; ou son talent déclinerait, et alors le public, le véritable juge, ne serait pas long à lui faire rudement sentir qu'il doit songer à la retraite.

Quant aux objections de forme, on a prétendu qu'une pareille disposition annulerait l'action du jury, qui n'aurait plus rien à faire, et pourrait se croiser les bras en regardant passer devant lui des œuvres qui ne ressortiraient pas de sa juridiction. Mais c'est calculer dans l'hypothèse où il n'y aurait jamais de nouveaux venus aux expositions annuelles, et l'énoncé seul de cette hypothèse suffit pour la faire crouler. Nous accordons, si l'on veut, que le nombre des artistes placés dans cette catégorie sera grand ; mais, où est le mal? Les opérations du jury en seront simplifiées, et il pourra apporter plus de temps et de réflexion à l'examen des œuvres sur lesquelles il a pouvoir.

Ainsi donc, la demande que les artistes ayant été reçus trois fois par le jury soient admis ensuite sans examen, n'a rien d'incompatible dans l'idée et dans la forme avec le bon sens et la justice (1).

Cette disposition est applicable, à plus forte raison, aux artistes que le jury aura jugés dignes de récompenses quelconques, soit qu'ils aient mérité une médaille, soit qu'ils aient mérité la croix d'honneur.

Le même droit ne peut s'étendre aux artistes ayant obtenu des travaux du gouvernement, et l'on en saisira facilement la raison. Il peut arriver que le gouvernement, comme moyen d'action politique, accorde des travaux à un homme complétement inca-

---

(1) L'ancienne Académie était même plus bénigne, puisqu'il suffisait d'avoir été reçu une seule fois pour avoir le droit d'exposer toujours.

pable comme artiste, qui, une fois cette faveur obtenue, pourrait exposer des œuvres tout à fait indignes du public et des artistes qui exposeraient en même temps que lui.

Outre les ouvrages que les deux sections du jury auront jugés inadmissibles, il va sans dire que ceux offensant la morale publique, ou ceux qui pourraient exciter le mépris ou la haine du gouvernement seraient repoussés de droit, quels que fussent d'ailleurs leur mérite et le nom de leurs auteurs.

L'administration des musées traite maintenant les artistes qui soumettent des œuvres au jury avec un sans-façon que nous avons dû chercher à supprimer.

Une fois son œuvre envoyée, si l'artiste ne connaît pas quelque membre du jury qui veuille consentir à commettre une indiscrétion en sa faveur, il n'apprend ce que l'on aura décidé de lui qu'un mois après, le jour de l'ouverture du Salon, en se procurant le livret, qui n'indique que les noms admis. Or, nous l'avons déjà dit, et nous ne cesserons de le répéter, l'exposition est la vie de l'artiste, et l'on comprend quelles inquiétudes et par conséquent quelle perte de temps ce doit être pour lui que ces trente longs jours passés dans l'incertitude du sort qui lui est réservé. Nous demandons donc qu'à l'avenir on adresse aux artistes admis, au fur et à mesure que leurs œuvres auront passé devant le jury, des lettres leur annonçant la réception de leurs envois, et afin que ceux auxquels on n'en adressera pas, et par conséquent dont le jury aura repoussé des ouvrages, ne puissent pas penser qu'ils sont victimes d'un oubli ou d'une négligence de la part de l'administration; nous demandons que les procès-verbaux d'admission soient déposés au secrétariat, et que chacun ait le droit de les consulter librement.

Nous terminerons cet exposé succinct des opérations du jury, telles que nous les comprenons, en appelant l'attention du public sur la manière dont se distribuent les récompenses décernées à la suite de l'exposition, et en demandant que l'état actuel soit tout à fait modifié et qu'à l'avenir cette distribution soit entourée de toute la solennité possible.

Il suffit de dire en peu de mots ce qui existe pour faire sentir toute l'urgence d'un changement complet. L'exposition terminée, les artistes auxquels on décerne des récompenses de diverse nature sont appelés par lettres à l'intendance de la liste civile. Là, l'intendant lui-même reçoit la lettre, constate l'identité de l'artiste, lui donne sa médaille, lui fait signer un reçu, le salue et le congédie. Ni plus ni moins. Et si l'on pensait que ce que nous avançons n'est pas sérieux, nous en appellerions au témoignage de tous les médaillistes. Maintenant, à qui appartient le droit de décerner ces récompenses, qui distribue ces médailles, quelles sont les personnes d'un goût assez éclairé et assez fin pour reconnaître, dans deux ou trois mille œuvres, celles qui sont plus ou moins dignes d'être récompensées ? Personne ne le sait, personne ne s'en doute ; c'est un mystère. Mais malheureusement il est trop facile de voir par les résultats, et par les œuvres et les noms sur lesquels tombent les faveurs, que cette décision est abandonnée à l'arbitraire le plus ridicule, au favoritisme le plus criant, à l'inintelligence des arts la plus monstrueuse que l'on puisse se figurer. Ce qu'il y a de plus triste, c'est que l'on ne s'en cache pas, et que l'on avoue hautement que l'on ne voit dans les distributions de médailles qu'un moyen politique ; que l'on a pour but, en les distribuant, de satisfaire tel ou tel personnage, d'obtenir telle ou telle voix aux enchères, de raffermir telle ou telle probité chancelante. Quant à l'art, il devient ce qu'il peut. Nous nous adressons au bon sens le plus vulgaire. Est-il bien convenable qu'après une exhibition publique et aussi retentissante que celle du Salon, la distribution des récompenses ne soit pas aussi éclatante qu'ont été les débats, et que les juges qui ont introduit les lutteurs dans l'arène, qui ont assisté au combat, et, qui plus est, sont les seuls compétents, ne soient précisément pas ceux-là qui distribuent le prix de la lutte ? Évidemment c'est absurde.

Et que l'on veuille bien remarquer que ce que nous demandons n'est nullement une innovation; au contraire. Tout le monde en effet se rappelle avec quelle splendeur, sous la restauration, se faisait cette distribution. C'était le roi lui-même qui, entouré de toutes les illustrations de la France, remettait à chaque artiste la récompense qui lui était décernée. Après la révolution de 1830, par un motif personnel que nous approuvons, la personne royale crut devoir se retirer ; mais alors on devait y substituer un délégué quelconque, soit unique, soit collectif, et ne pas priver les artistes d'une faveur dont on laisse jouir toutes les autres sociétés (sociétés d'horticulture, de l'industrie ; académies des sciences, des lettres, etc., etc. ; colléges même, colléges! On refuse aux artistes ce que l'on accorde aux écoliers).

Qu'y a-t-il de plus simple à imaginer, au contraire, que pendant le cours de l'exposition les jurés des deux sections se réuniront entre eux, dresseront une liste des ouvrages qui leur auront paru remarquables, la proposeront à l'agrément du roi, et enfin, dans une séance publique, entourée de tout ce qui peut flatter un généreux amour-propre ou exciter une noble émulation, en présence des œuvres qui auront mérité telle ou telle faveur, sous les yeux d'un public qui pourra apprécier instantanément le plus ou moins de valeur de telle ou telle distinction, décerneront à chaque artiste le prix de ses travaux, de ses luttes et de son génie? Alors n'existerait plus ce contre-sens absurde qui offense les notions les plus vulgaires de l'équité; les artistes seraient jugés et couronnés par leurs pairs, par ceux enfin qui, de l'avis du plus grand nombre, seraient les plus dignes de ces hautes fonctions. Les récompenses, enfin, ne seraient pas ce qu'elles sont maintenant : quelque chose que l'on est presque aussi honteux de recevoir que de donner.

Nous pourrions ajouter, d'ailleurs, pour donner plus de poids à notre opinion, que de même que pour le jury de révision ce n'est pas la première fois qu'elle se présente, et que ce mode de faire distribuer par leurs pairs les récompenses aux artistes fut reconnu et approuvé en 1791 par un décret de la Constituante, qui, à ce qu'il para't, prenait plus à cœur que les législateurs de nos jours les intérêts des artistes.

Ces dispositions nous ont paru si simples, si faciles à comprendre et à exécuter, que nous n'avons pas hésité à en composer les deux derniers articles des opérations du jury.

Une question d'une haute importance reste encore à décider, c'est celle du local destiné à l'exposition et de l'appropriation de ce local. Cette question et celles qui s'y rattachent feront l'objet du chapitre suivant.

CHAPITRE IV.

DU LOCAL DES EXPOSITIONS.

La question du local des expositions est complexe, et, pour ne pas faire de confusion, il faut dès l'abord diviser bien distinctement les deux formes secondaires qui la composent. Ces deux formes, les voici telles qu'elles se présentent à l'esprit de toute personne qui étudiera un peu attentivement cette question :

Ce local doit-il appartenir aux artistes, qui en useront ainsi qu'il aura été décidé par eux pour les expositions annuelles ?

Ou bien :

Si les artistes continuent, comme par le passé, à dépendre de la liste civile, le local qu'on leur concède tous les ans pour deux mois est-il bien approprié à sa destination et ne saurait-on leur en accorder un meilleur ?

Ainsi divisée et présentée sous cette forme, la solution de la difficulté qui nous occupe deviendra, ce nous semble, beaucoup plus facile.

Et d'abord, ainsi qu'il ressort de l'ensemble de notre travail, nous devons écarter la première question. Arriver par des améliorations successives exigées par le bon sens le plus vulgaire et demandées tranquillement par les victimes de ce qui se fait maintenant, est notre seul but et notre seule espérance. Or, nous connaissons parfaitement l'importance de la première question. Demander que les artistes soient propriétaires du local destiné aux expositions, c'est, au fond, demander que ces expositions ne rentrent plus dans les attributions de la liste civile, et qu'elles lui soient enlevées comme on lui a enlevé les théâtres royaux, le Conservatoire et tant d'autres administrations. C'est lui retirer le dernier fleuron de sa couronne. Nous éloignerons donc cette question sans chercher le plus ou moins d'équité qu'il y aurait à la formuler positivement. Peut-être un jour, si nous y sommes forcés par les circonstances, y reviendrons-nous, et l'ouvrirons-nous complétement pour montrer tout ce qu'elle contient dans ses flancs; mais, quant à présent, soit ajournement, soit abandon, nous la négligerons, et nous nous contenterons de faire voir ce qui existe de mauvais dans le mode d'exposition actuel, et ce que la liste civile elle-même pourrait y apporter de modifications urgentes et praticables.

Personne n'ignore que les expositions annuelles ont lieu au Louvre dans le premier salon, dans le salon carré, dans la galerie de bois et dans une partie de la grande galerie. Or, pour pouvoir suspendre les tableaux admis par le jury, il faut construire devant les œuvres anciennes exposées dans ces salles d'immenses échafaudages que l'on recouvre ensuite d'une toile verte sur laquelle on accroche les nouveaux venus. Il y a dans cette façon de procéder deux espèces d'inconvénients que tout le monde comprendra, et qui eussent dû arrêter l'administration des musées royaux si elle avait le moindre souci des œuvres qu'elle est chargée de garder et de conserver; — mais nous croyons avoir prouvé suffisamment que l'intérêt des arts était assez minime pour elle; — inconvénients pour les tableaux eux-mêmes, inconvénients pour le public et les artistes.

Faut-il dire le dommage apporté à ces tableaux par le manque d'air et de lumière qu'on leur retire pendant trois ou quatre mois? Est-il besoin de faire observer que les toiles restant ainsi aussi longtemps dans l'obscurité finissent par s'écailler et se moisir, qu'une partie du vernis s'enlève et emporte avec lui la couleur? Mais si ce que nous avançons n'était pas d'une évidence palpable, nous rappellerions les récriminations qu'artistes, amateurs, critiques adressent depuis si longtemps à l'administration sur l'état déplorable dans lequel se trouvent quantité de tableaux confiés à ses soins tant par suite de ce manque d'air et de lumière dont nous parlions qu'à cause des restaurations déplorables qui en sont presque toujours la funeste conséquence. Mais, outre ces dommages trop constants et malheureusement trop bien prouvés, comment n'a-t-on pas songé aux dégâts qui peuvent résulter de la construction de cette énorme quantité de charpentes élevées tous les ans devant les chefs-d'œuvre des maîtres anciens? On pourra nous répondre qu'on y apporte un soin extrême, une surveillance active et intelligente; que les ouvriers chargés de cette besogne sont tous d'une rare adresse et d'une prudence qui peut rassurer. Mais au fond ces raisons ne sont que spécieuses. En rendant justice à la vigilance qui préside à cette opération, il faut bien aussi faire la part du hasard ou d'un accident. Un coup de marteau peut être donné à faux, un écrou peut se rompre, une vis peut se briser, une poutre peut ployer, un éclat de bois même peut crever une toile. On voit à quoi tient la conservation des tableaux du Louvre. Et un seul tableau perdu, un seul! deviendrait pour l'art une perte irréparable et serait pour l'administration une accusation d'une valeur très-sérieuse.

Quelles sont enfin les garanties que l'on a contre le feu qui peut prendre et se développer si facilement dans un tel amas de bois? Voilà, indiqués succinctement et laissés à l'imagination de chacun, une partie des inconvénients que nous avions à signaler relativement aux œuvres d'art. Voyons maintenant ceux qui peuvent exister par rapport au public.

Le musée du Louvre est fermé, pour les travaux du placement et du déplacement des tableaux modernes, depuis le 1er février jusqu'à la fin de juin. Le public est donc privé pendant cinq mois de la vue des œuvres que cachent les tableaux du Salon. Nous voulons bien passer légèrement sur le tort qui en résulte pour le public proprement dit et pour les amateurs dont la curiosité, ou même l'étude théorique, ne peut se satisfaire; mais il n'en est pas de même pour les artistes dont on paralyse ainsi les travaux sans aucune raison plausible. La galerie du Louvre, il est vrai, n'est pas fermée dans toute sa longueur, et ils peuvent étudier les tableaux placés dans la seconde partie de l'école flamande et dans l'école italienne : c'est fort bien ; mais s'ils avaient à copier une œuvre placée en deçà, comment feraient-ils ? Les tableaux cachés d'ailleurs sont précisément ceux du salon carré et de l'école française, c'est-à-dire ceux que l'on copie le plus généralement, et qui très-certainement, pour un peintre français, sont le plus curieux à étudier. Qu'en résulte-t-il ? C'est que souvent des artistes pauvres qui, à force de travail, de ténacité et de persévérance, étaient parvenus à obtenir une commande de telle ou telle copie dont l'original était placé derrière les charpentes, ont dû attendre qu'elles fussent enlevées, laisser écouler le temps pendant lequel ils auraient dû livrer leur copie, et enfin se sont vu retirer cette même commande et le pauvre bénéfice dont ils eussent profité et qui leur échappe, faute d'avoir pu y travailler en temps et lieu.

Si nous voulions approfondir un peu la question que nous traitons maintenant, et tirer de nos observations toutes les conclusions qu'elles contiennent, nous pourrions demander jusqu'à quel point l'administration des musées royaux a le droit d'en user aussi légèrement avec les œuvres confiées à ses soins et avec les artistes qui sont obligés de s'adresser à elle. En donnant à la liste civile la garde et l'usufruit des richesses que contient le musée, les législateurs n'ont-ils pas implicitement compris dans l'acte qui lui conférait ce bénéfice qu'elle serait chargée de les garder et de les entretenir avec soin, et de laisser le pays jouir tout à son aise des richesses qui lui appartiennent ? Il ne serait pas bien difficile de faire voir que la liste civile n'a rempli que la première partie de sa mission, et qu'en usant d'un droit elle n'a accompli nullement les devoirs qu'impose ce droit. Mais nous nous arrêterons à cette limite, et, après avoir fait voir par où pèche le régime actuel, nous nous bornerons à demander que de pareils abus ne puissent plus se renouveler et que la liste civile avise aux moyens de donner aux artistes un emplacement libre, spécialement destiné aux expositions annuelles.

Cette demande n'a rien que de très-juste et de très-exécutable, et les artistes ne font que réclamer la même faveur que le pays accorde tous les cinq ans aux industriels. On pourra nous objecter que le pays peut à son gré faire les libéralités qui lui conviennent, que la chambre des députés vote un budget pour cet objet, tandis que la liste civile n'est pas dans ce cas et ne possède qu'une somme qu'elle ne peut outre-passer à son gré. Mais nous répondrons à notre tour, que si la liste civile eût pris cette mesure dès le commencement, elle eût sans doute atteint un chiffre moins élevé que celui auquel se montent les travaux d'aménagement qu'elle est obligée de faire exécuter chaque année au Louvre; et ces travaux se sont répétés depuis dix-sept ans, qu'on ne l'oublie pas. Nous dirons aussi que, quel que soit le pouvoir auquel appartiendra définitivement la direction des expositions annuelles, il y aurait évidemment économie de temps et d'argent pour lui, et avantage pour le public et les artistes, à ce qu'il se rendît à notre demande et fit construire un local provisoire, si l'on veut comme celui des expositions de l'industrie, mais qui du moins le mettrait à l'abri des justes récriminations qui s'élèvent de tous les côtés contre l'administration actuelle.

Nous croyons donc ne pouvoir terminer plus convenablement ce chapitre et notre travail qu'en émettant un vœu que nous plaçons comme dernier article à notre règlement et que nous formulons ainsi :

Art. 23.

Les artistes demandent que les expositions annuelles ne se fassent plus dans les galeries du Louvre, mais dans un local spécialement destiné à cet usage.

Nous achèverons cette brochure en remettant sous les yeux de nos lecteurs le règlement que nous proposons et dont les divers articles sont épars dans les chapitres.

Article premier.

Les artistes reconnaissent la nécessité de l'institution d'un jury pour admettre ou refuser les objets d'art envoyés pour les expositions annuelles.

Art. 2.

Aux artistes seuls appartient le droit de nommer les membres de ce jury.

Art. 3.

Les membres de ce jury seront renouvelés annuellement, et nommés par les artistes ayant exposé depuis l'année 1830.

Art. 4.

Les élections du jury devront avoir lieu chaque année, du 1er au 15 décembre.

Art. 5.

Chaque artiste peintre présentera une liste de 30 noms; chaque sculpteur, une liste de 22; chaque graveur une liste de 14; chaque architecte, une liste de 14.

Art. 6.

La liste des jurés sera arrêtée d'après le nombre relatif des voix obtenues par les premiers qui auront recueilli le plus de suffrages.

Art. 7.

Chaque liste sera divisée en deux sections : la première pour le jury d'admission, la seconde pour le jury de révision (Voyez Art. 10).

Art. 8.

Chaque artiste doit être jugé par ses pairs,

C'est-à-dire les peintres par les peintres, les sculpteurs par les sculpteurs, etc.

Art. 9.

Le jury sera composé de 80 membres et divisé en quatre classes :

Peintres et dessinateurs,	30 membres;
Sculpteurs,	22;
Graveurs,	14;
Architectes,	14;

fonctionnant séparément et tout à fait indépendantes l'une de l'autre.

Art. 10.

Chaque classe sera partagée en deux sections de nombre égal tirées au sort et dont les fonctions auront lieu ainsi qu'il suit :

1° La première section, prise dans les premiers noms sortant, acceptera ou refusera les œuvres présentées;

2° La seconde section revisera les ouvrages refusés et choisira parmi eux ceux qu'elle jugera admissibles.

Art. 11.

En cas d'absence forcée, la présence de 9 membres dans chacune des deux sections du jury de peinture;

De 7 pour les deux sections du jury de sculpture;

De 5 pour les deux sections des deux autres jurys,

suffira pour faire admettre ou refuser une œuvre.

Art. 12.

Le maximum de la durée des séances du jury de peinture sera de quinze jours; celui des trois autres sera de huit.

Art. 13.

La seconde section commencera ses travaux le lendemain du jour où auront commencé ceux de la première section.

Art. 14.

Les œuvres d'art seront jugées d'après l'ordre alphabétique des noms de leurs auteurs.

Art. 15.

Dans les deux classes du jury, les œuvres présentées seront admises ou refusées à la majorité pure et simple.

Art. 16.

Si les jurés se trouvaient en nombre pair et qu'il y eût égalité de voix pour et contre, l'œuvre présentée serait admise.

Art. 17.

Seront reçues sans examen les œuvres d'artistes ayant été admis trois fois à l'exposition;

D'artistes auxquels le jury aura décerné des récompenses.

Art. 18.

Seront exclues de droit les œuvres qui pourraient outrager la morale publique, ou qui tendraient à ridiculiser les actes ou les chefs du gouvernement.

Art. 19.

Une fois les opérations du jury terminées, il sera donné avis aux artistes par lettres closes de la réception de leurs ouvrages sans attendre l'ouverture du Salon, et en même temps la liste des ouvrages admis sera exposée au secrétariat, où chacun pourra venir la consulter.

Art. 20.

Les ouvrages non admis par le jury seront immédiatement rendus à leurs auteurs.

Art. 21.

Pendant la durée de l'exposition, les membres du jury s'entendront pour dresser une liste des ouvrages qui leur paraîtront mériter une récompense, et proposeront cette liste à l'agrément du roi.

Art. 22.

La distribution des récompenses décernées par le jury se fera en séance publique.

Les artistes émettent le vœu que la plus grande solennité et la plus grande publicité possibles soient données à cette séance.

Art. 23.

Les artistes demandent que les expositions annuelles ne se fassent plus dans les galeries du Louvre, mais dans un local spécialement destiné à cet usage.

Nous voici arrivés au bout de la tâche que nous nous sommes imposée. Nous pensons avoir exposé nos griefs avec tout le calme que donnent la conviction d'une longue injustice et la défense d'une bonne cause. Nous avons indiqué les vices de l'état de choses actuel et présenté des réformes justes et que nous croyons applicables. Nous en appelons directement au bon sens public, auquel nous laissons le soin de décider en dernier ressort.

TABLE.

9 782014 450644